高等职业教育创新型系列教材

智慧仓储运营
Smart warehouse operation

（活页式教材）

主　编　张　荣　张　帆
副主编　赵美玲　向光洁

北京理工大学出版社
BEIJING INSTITUTE OF TECHNOLOGY PRESS

内容提要

本书以仓储与配送业务流程、环节为切入点创设学习项目，以培养学生的职业综合能力设定教学目标，以仓储与配送行业领域真实、典型的工作环境、工作环节构建教学内容。本书共分为八个项目，具体内容包括仓储初识、仓储建设业务、仓储设备业务、仓储作业、库存商品养护业务、配送系统、配送业务、特殊商品配送业务。书中以知识目标、能力目标、素质目标为指导，通过数字微课、在线虚拟仿真平台、在线课程等多渠道数字学习资源使教学内容更加灵活、丰富，充满趣味性，在一定程度上改善了学法、教法及学习环境，使学生的专业能力更好地与企业岗位需求对接，最终实现高质量就业。

本书可作为高职物流专业、贸易专业和其他财经商贸类专业教材，也可作为经贸类相关专业的教材参考书及从事仓储与配送业务的培训参考用书，尤其适合从事仓储与配送业务岗位的从业者及初学者。

版权专有　侵权必究

图书在版编目（CIP）数据

智慧仓储运营 / 张荣，张帆主编. -- 北京：北京理工大学出版社，2023.6
ISBN 978-7-5763-2503-4

Ⅰ.①智… Ⅱ.①张… ②张… Ⅲ.①仓库管理—智能控制 Ⅳ.①F253.4-39

中国国家版本馆CIP数据核字（2023）第113357号

责任编辑：李　薇	文案编辑：李　薇
责任校对：周瑞红	责任印制：施胜娟

出版发行 / 北京理工大学出版社有限责任公司
社　　址 / 北京市丰台区四合庄路6号
邮　　编 / 100070
电　　话 /（010）68914026（教材售后服务热线）
　　　　　（010）68944437（课件资源服务热线）
网　　址 / http://www.bitpress.com.cn
版 印 次 / 2023年6月第1版第1次印刷
印　　刷 / 河北鑫彩博图印刷有限公司
开　　本 / 787 mm × 1092 mm　1/16
印　　张 / 13
字　　数 / 252千字
定　　价 / 47.90元

前 言

根据党的二十大报告中"坚持以推动高质量发展为主题""增强国内大循环内生动力和可靠性，提升国际循环质量和水平，加快建设现代化经济体系"的指导思想，坚持数字赋能、科技赋能、创新赋能，发展数字化绿色仓储，坚持信息化、智能化及数维图技术在物流行业中的应用不断深化。在物流企业中，仓储与配送管理已经成为影响物流效率与质量的重要环节，仓储与配送信息化也已经成为提高企业物流运转效率非常必要的手段。高效率、准确的仓储与配送可以帮助企业加快物流流动速度、降低企业运营成本。为培养更多有仓储与配送思维及能力的从业者，我们组织编写了本书。

本书共分为八个项目，具体以仓储与配送管理业务流程、环节为切入点创设学习项目，以培养学生的职业综合能力设定教学目标，以仓储与配送行业领域真实、典型的工作环境、工作环节构建教学内容。书中通过数字微课、在线虚拟仿真系统、在线课程等多渠道数字学习资源使教学内容更加灵活、丰富，充满趣味性，在一定程度上改善了学法、教法及学习环境，使学生的专业能力更好地与企业岗位需求对接，最终实现高质量就业。

本书由张荣进行总体方案的策划、具体组织并统稿，全书由张荣、张帆担任主编，由赵美玲、向光洁担任副主编。具体编写分工为：辽宁轻工职业学院张荣编写项目二、项目四、项目五，大连财经学院张帆编写项目六、项目七，辽宁轻工职业学院赵美玲编写项目八，大连财经学院向光洁编写项目一、项目三。

本书在编写过程中，借鉴和引用了大量国内外有关仓储与配送方面的书刊资料和业界的研究成果，沃尔玛有限公司、顺丰速运（集团）有限公司的有关企业专家也提供了具体企业仓储及配送案例并进行了具体指导，在此一并致谢。

由于编者水平有限，书中难免存在疏漏和不足之处，恳请同行和读者批评指正，以便修正。

编 者

目　录

项目一　仓储初识 ……………………………………………………………（ 1 ）
　　任务一　仓储发展调查 ………………………………………………………（ 3 ）
　　任务二　仓储的岗位调查 ……………………………………………………（ 9 ）
　　任务三　成果汇报与考核评价 ………………………………………………（ 14 ）

项目二　仓储建设业务 ………………………………………………………（ 18 ）
　　任务一　仓库认知 ……………………………………………………………（ 20 ）
　　任务二　仓库选址业务 ………………………………………………………（ 29 ）
　　任务三　仓库布局业务 ………………………………………………………（ 35 ）
　　任务四　成果汇报与考核评价 ………………………………………………（ 41 ）

项目三　仓储设备业务 ………………………………………………………（ 45 ）
　　任务一　货架认知业务 ………………………………………………………（ 47 ）
　　任务二　装卸设备业务 ………………………………………………………（ 55 ）
　　任务三　集装单元业务 ………………………………………………………（ 60 ）
　　任务四　成果汇报与考核评价 ………………………………………………（ 65 ）

项目四　仓储作业 ……………………………………………………………（ 68 ）
　　任务一　分拣与补货作业 ……………………………………………………（ 71 ）
　　任务二　入库作业 ……………………………………………………………（ 78 ）
　　任务三　存储作业 ……………………………………………………………（ 86 ）
　　任务四　出库作业 ……………………………………………………………（ 91 ）
　　任务五　成果汇报与考核评价 ………………………………………………（ 97 ）

项目五　库存商品养护业务 …………………………………………………（ 100 ）
　　任务一　商品养护认知 ………………………………………………………（ 102 ）

任务二　库存保管与养护业务 ……………………………………………（110）
　　任务三　成果汇报与考核评价 ……………………………………………（122）

项目六　配送系统 …………………………………………………………（126）
　　任务一　配送系统认知 ……………………………………………………（128）
　　任务二　配送计划业务 ……………………………………………………（138）
　　任务三　成果汇报与考核评价 ……………………………………………（146）

项目七　配送业务 …………………………………………………………（149）
　　任务一　路线优化作业 ……………………………………………………（151）
　　任务二　车辆调度作业 ……………………………………………………（158）
　　任务三　车辆配载作业 ……………………………………………………（164）
　　任务四　配送中心作业 ……………………………………………………（170）
　　任务五　成果汇报与考核评价 ……………………………………………（178）

项目八　特殊商品配送业务 ………………………………………………（182）
　　任务一　危险货物配送作业 ………………………………………………（184）
　　任务二　冷链货物配送作业 ………………………………………………（193）
　　任务三　成果汇报与考核评价 ……………………………………………（199）

参考文献 ……………………………………………………………………（202）

项目一

仓储初识

项目介绍

本项目主要包括中国仓储的发展历程和仓储岗位的配置两部分内容,介绍了仓储的基本认识和我国仓储发展的四个阶段,并分析了仓储发展的现状和趋势,同时还介绍了仓储企业的基本岗位和各个岗位的基本能力要求,包括仓储管理员、质检员、调度员、养护员等多个岗位,以期能够使读者对该业务及岗位有大致的了解。

知识目标

- 了解仓储及仓储管理的含义;
- 熟悉仓储管理模式;
- 掌握仓储管理的基本特征;
- 熟悉仓储部门的常用岗位设置。

能力目标

- 能够熟悉仓储管理的职能;
- 能够掌握仓储管理方法;
- 能够了解我国仓储业的现状及未来的发展趋势;
- 能够熟悉各个岗位的能力要求和职责,并进行仓储人员招聘。

素质目标

- 引导学生养成爱岗敬业、认真严谨的工作态度;

- 培养学生遵纪守法、遵守职业道德；
- 培养学生的文化自豪感，树立学生"四个自信"。

工作情景导入

仓储业发展趋势及市场现状分析

仓储业的发展趋势及市场现状如何？仓储业作为国民经济的基础产业之一，将在同行齐心协力下，加快智能化、绿色化、共享化、专业化的转型发展，与我国经济的发展态势相吻合，成为助推中国物流市场降本增效的重要力量。

仓储业可以按照一种特定的产业链口径分为上游、中游、下游三个部分。上游为设备提供商和软件提供商，分别提供硬件设备和相应的软件系统[WMS（仓储管理系统）、WCS（仓储控制系统）等]；从发展阶段来看，我国仓储业发展包括人工仓储、机械化仓储、自动化仓储、集成自动化仓储、智能自动化仓储五个阶段。

目前，我国仓储业发展正处在自动化仓储阶段，主要应用AGV（自动导引车）、自动货架、自动存取机器人、自动识别和自动分拣系统等先进物流设备，通过信息技术实现实时控制和管理。下游应用领域不断发展，并出现新业态、新产业、新模式，对仓储物流服务提出了更高的要求，是中国传统仓储业不断转型升级的主要发展动力。

数据显示，2022年2月中国物流与采购联合会和中储发展股份有限公司联合调查的中国仓储指数为51.3%，较1月回升3%，重回50%以上的扩张区间。在各分项指数中，新订单指数、业务量指数、收费价格指数及平均库存周转次数指数较1月有所回落，其余指数均有不同程度的回升。

根据中国物流与采购联合会2022年3月2日发布的数据，3月中国物流与采购联合会和中储发展股份有限公司联合调查的中国仓储指数为46.9%，较2月下降4.4%，落入50%以下的收缩区间，反映出国内外复杂形势等多重因素影响下，仓储库存水平大幅降低。

从历史同期数据来看，3月一般都在荣枯线以上，但本月指数回落幅度较为显著，主要是受国内疫情多地散发和国外地缘政治冲突影响，仓储业运行压力明显加大。

报告显示，新订单小幅回落，设施利用率明显降低。3月，新订单指数为48.3%，较2月下降0.7%，连续两个月呈现回落走势，表明在多地散发的疫情和大宗商品价格快速上涨等不利因素的影响下，本就低迷的仓储业业务需求雪上加霜。设施利用率指数为49.4%，较2月下降6.4%，落入荣枯线以下，表明在业务需求下降的背景下，仓库设施利用率显著降低。后市预期转弱。3月，业务活动预期指数为54.4%，较2月下降8.7%。短期不利因素仍在持续，企业后市预期转弱。但也要注意到国内经济运行仍有稳定基础，多个行业逐步进入产销旺季，市场供需有回升空间，仓储业或将恢复平稳运行。

(资料来源:https://m.chinairn.com/finance/News/2022/04/11/234219720.html)

通过上述资料,请思考以下问题。

(1) 什么是仓储?仓库在经济生活中的作用是什么?

(2) 我国仓储业的市场现状如何?我国未来的仓储业有怎样的发展趋势?前景如何?

任务一　仓储发展调查

【任务目标】

1. 结合实际情况熟悉我国仓储业的现状;
2. 了解我国仓储业未来的发展趋势;
3. 培养学生的文化自豪感,树立"四个自信"。

【实施条件】

虚拟仿真实训室,具备连接互联网的计算机。

【实施过程】

环节	操作及说明	注意事项及要求
环节一	通过学习通平台进行微课学习;阅读相关知识;了解我国仓储业发展现状及未来趋势。具体内容如下: (1) 教师发布任务,学生学习微课视频,做课前测试题,并以小组为单位试做任务。 (2) 利用课程平台发布任务。 (3) 小组试做,根据相关资料对我国仓储的发展历程进行调查,了解我国仓储业的沿革、现状及发展趋势。 (4) 根据调查结果,每个小组讨论仓储业未来的发展趋势	(1) 以室内调查为主,主要通过网络、图书馆、电话咨询等方式进行调研。 (2) 活动以学生分组的形式进行,小组成员注意分工协作,各司其职,按时完成任务
环节二	小组间进行调查结果展示,教师引导	
环节三	(1) 根据学生的调查结果,发现学生知识的薄弱之处,明确任务要点。 (2) 教师指导各小组形成调查报告。 (3) 通过教师引导学习,突破教学重难点	

【知识链接】

请扫码阅读知识链接。

一图读懂神秘的中国仓储发展史（图片）

【知识内化】

仓储是商品流通的重要环节之一，也是物流活动的重要支柱，它随着物资储存的产生而产生，又随着生产力的发展而发展。随着仓储的不断发展，加强及优化仓储管理显得尤为重要。仓储管理的内涵是随着其在社会经济领域中的作用不断扩大而变化。现代仓储管理已产生了根本性的变化，从静态管理转向动态管理，对仓储管理的基础工作也提出了更高的要求。

1. 仓储之初识

（1）仓储的含义。"仓"也称为仓库，为存放物品的建筑物和场地，可以为房屋建筑、大型容器、洞穴或特定的场地等，具有存放和保护物品的功能；"储"表示收存以备使用，具有收存、保管、交付使用的意思，当适用有形物品时也称为储存。"仓储"则为利用仓库存放、储存未即时使用的物品的行为。简而言之，仓储就是在特定的场所储存物品的行为。

现代企业的仓库已成为企业的物流中心。过去，仓库被看作一个无附加价值的成本中心，而现在仓库不仅被看作形成附加价值过程中的一部分，而且被看作企业成功经营中的一个关键因素，还被企业看作连接供应方和需求方的桥梁。

（2）仓储管理。

①仓储管理的含义。仓储管理就是对仓库及仓库内的物资所进行的管理，是仓储机构为了充分利用所具有的仓储资源提供高效的仓储服务所进行的计划、组织、控制和协调的过程，具体包括仓储资源的获得、仓储商务管理、仓储流程管理、仓储合同管理、保管管理、安全管理等多种管理工作及相关的操作。简而言之，仓储管理是指对仓库和仓库中储存的物资进行管理。

②仓储管理的模式。仓储管理可以简单概括为八个关键管理模式。

追，仓储管理应具备资讯追溯能力，前伸至物流运输与供应商生产出货状况，与供应商生产和实际出货状况衔接，同时，仓储管理还必须与物流商进行连线追溯。

收,仓库在收货时应采用条码或更先进的扫描方式来确认进料状况。

查,仓库应具备货物的查验能力,严控数量,独立仓库,24小时保安监控。

储,物料进仓做到不落地或至少做到储放在栈板上。

拣,拣料依据工令消耗顺序来进行,拣料时最好做到自动扫描到扣账动作,及时变更库存信息,告知中央调度补货。

发,仓库依据工令备拣单发料,工令、备料单与拣料单三合一为佳,做到现场工令耗用一目了然,使用自动扫描系统配合信息传递运作。

盘,整理打盘始终遵循散板、散箱、散数原则。

退,以整包装退换为处理原则。

③仓储管理的职能。从物流角度看,仓储管理的职能可分为基本职能和衍生职能。基本职能是为了满足市场的储存和流通需要而存在的,主要有储存保管、流通调控、质量维护、数量管理、商品检验等;衍生职能是仓储在基本职能的基础上产生的一种增值服务,是带有附加价值的操作,主要有提供现货交易场所,流通加工、配送,充当交易中介,提供信用担保,提高客户满意度,加速信息的传递等。

④仓储管理的基本特征。从物流整体来看,仓储管理已成为供应链管理的核心环节,这是因为仓储总是出现在物流各环节的接合部位,仓储管理就是在实现物流流程的整合,加强仓储管理尤为重要。其管理特征有:不平衡和不连续;不创造使用价值,但创造价值;实现"零库存";向数字化发展;实现仓储整合化管理策略特征。

⑤仓储管理的方法。仓储管理是企业管理的重要组成部分,是保证企业生产过程顺利进行的必要条件,是提高企业经济效益的重要途径。依据仓储管理在企业管理中所处的地位及所起的作用,应从以下三个方面做好仓储管理工作。

a. 建立健全仓库质量保证体系。它是提高企业经济效益的必要途径。企业管理者能通过其所提供的方法,发现影响仓库质量的薄弱环节,以便采取改进措施,企业管理者在质量保证体系运行过程中,要牢固树立"质量第一"的思想,工作积极主动,以达到供应好、消费低、效益高的要求。

b. 加强仓储管理各个基本环节。在仓储活动过程中,物资验收、入库、出库等一些基本环节,是仓储业务活动的主要内容,这些基本环节工作质量的好坏直接关系到整个仓储工作能否顺利进行,直接影响整个仓储工作质量的好坏。因此,企业管理者应加强各个基本环节的管理,这是搞好仓储工作的前提。

c. 物资保管、保养是仓储管理的中心内容。在物资入库验收时进行了一次严格的检查后,就进入了储存阶段,因此,物资入库后必须实行"四号定位""五五摆放"标识清楚,"合理堆放"。因此,从事储存工作的人员就需要掌握和运用所储存货物的性质及受到各种自然因素影响而发生的质量变化规律，企业管理者从根本上采取"预防为主，防治结合"的方针，做到早防早治，最大限度地避免和减少货物损失。

2. 仓储之发展

仓储随着储存的产生而产生，又随着生产力的发展而发展。人类社会自从有剩余产品以来就产生了储存。积谷防饥是中国古代的一句警世名言，其含义是将丰年多出的粮食储存起来，以防歉年之虞。专业化的仓储业模式虽然是从海外引进，但是中国很早就有仓储业，纵观中国仓储业的发展历史，大致经历了下列四个阶段。

（1）中国古代仓储阶段。仓储在中国可以追溯到很久以前，大约在5 000多年前母系氏族的原始社会里就出现了窖穴库。在西安半坡村的仰韶遗址可以看到仓储的雏形。而西汉时建立的常平仓是我国历史上最早的由国家经营的仓储。可见，在我国古代，仓是指储藏粮食的场所；而库则是指储存物品的场所。之后，人们逐渐将仓和库两个字连在一起使用，表示储存各种商品、物资的场所。

中国古代商业仓库是随着社会分工和专业化生产的发展而逐渐形成与扩大的。《中国通史》上记载的"邸店"，可以说是商业仓库的最初形式，但局限于当时的商品经济，它既具有商品寄存性质，又具有旅店性质，随着社会分工的进一步发展和商品交换的不断扩大，专门储存商品的"塌房"从"邸店"中分离出来，成为带有企业性质的商业仓库。

但是，由于中国经济长期受封建制度的束缚，到近代再加上帝国主义的侵略，当时中国的生产力水平极其低下，民族工业得不到正常发展，商品生产和交换的规模较小，因此，服务于商品交换又随商品生产的发展而发展的仓储业基本上处于低水平状态。

（2）中国近代仓储阶段。随着商品经济的发展和商业活动范围的扩大，中国近代商业仓库得到了相应的发展。19世纪，中国把商业仓库叫作"堆栈"，即堆存和保管物品的场地与设备。堆栈业与交通运输业、工商业，以及与商品交换的深度和广度关系极为密切。中国近代工业偏集中在东南沿海地区，因此，堆栈业也是在东南沿海地区，如上海、广州等地区起源最早，也最发达。据统计，1929年上海码头仓库总计在40家以上，库房总容量达到90多万吨，货场总容量达到70多万吨。

堆栈业初期，只限于堆存货物，其主要业务是替商人保管货物，物品的所有权属于寄存人。随着堆栈业务的扩大，服务对象的增加，堆栈业已经划分为码头堆栈、铁路堆栈、保管堆栈、厂号堆栈、金融堆栈和海关堆栈等。近代堆栈业的显著特点是有了明确的业务分类、经营范围、责任业务、仓租、进出手续等。当时，堆栈业大多是私人经营的，为了商业竞争和垄断的需要，往往组成同业会，订立同业堆栈租价价目表等。但是，由于整个社会处于半殖民地半封建的经济状态，民族工业不发达，堆栈业往往附属于旅馆业，而且随商业交易和交通运输业的盛衰而起落。

（3）社会主义仓储阶段。中华人民共和国成立以后，人民政府接管并改造了原堆栈业的仓库。当时采取对口接管改造的政策，即铁路、港口仓库由交通运输部门接管；物资部门的仓库由全国物资清理委员会接管；私营仓库由商业部门对口接管改造；银行仓库，除中国人民银行、中国银行、交通银行、中国农业银行等银行所属仓库作为敌伪财产随同银行实行军管外，其余大部分归商业部门接管改造；外商仓库按经营的性质，分别由港务、外贸、商业等有关部门接管收买。对于私营仓库的改造，是通过公私合营的方式逐步实现的，人民政府通过工商联合会加强对私营仓库的领导，限制仓租标准，相继在各地成立国营商业仓库公司（后改为仓储公司），并加入当地的仓库业同业公会，帮助整顿仓库制度。

随着工农业生产的发展、商品流通的扩大，商品储存量相应增加，但原来的仓库大多是企业的附属仓库，在数量和经营管理上都不能满足社会主义经济发展的需要。因此，党和政府采取了一系列措施，改革仓库管理工作。

在这一阶段，无论是仓库建筑、装备，还是装卸搬运设施，都有很大的发展，是中华人民共和国成立前的商业仓库所无法比拟的。

（4）仓储业现代化发展阶段。我国在一个较长时期里，仓库一直属于劳动密集型企业，即仓库中大量的装卸、搬运、堆码、计量等作业都是由人工作业完成。因此，仓库不仅占用了大量的劳动力，而且劳动强度大、劳动条件差，特别在一些危险品仓库，极易发生中毒等事故。从劳动效率来看，人工作业的劳动效率低下，库容利用率不高。为迅速改变这种落后状况，我国政府在这方面下了很大力气。首先，重视旧式仓库的改造工作，按照现代仓储作业要求来改建旧式仓库，增加设备的投入，配备各种装卸、搬运、堆码等设备，减轻工人的劳动强度，改善劳动条件，提高仓储作业的机械化水平；其次，新建了一批具有先进技术水平的现代化仓库。20 世纪 60 年代以来，随着世界经济发展和现代科学技术的突飞猛进，仓库的性质发生根本性变化，从单纯地进行储存保管货物的静态储存一跃进入了多功能的动态储存新领域，成为生产、流通的枢纽和服务中心。特别是大型自动化立体仓库的出现，使仓储技术上了一个新台阶。中国于 20 世纪 70 年代开始建造自动化仓库，并普遍采用电子计算机辅助仓库管理，使中国仓储业进入了自动化的新阶段。

进入 21 世纪，随着我国物流业的飞速发展，仓储业也翻开了新的一页，不断追赶着世界先进水平，在体制改革、业务范围拓展、新技术应用、计算机管理、人员素质提高等各个方面均有较为明显的成就。但是，我国仓储业在服务质量和效益上还存在着明显的不足，与发达国家相比尚有较大差距，需要我们不断努力，让仓储业的发展水平再上升一层。

【做中学　学中做】

一、单项选择题

1. 仓储管理模式包括（　　）。

A. 追、收、查、储、拣、发、盘、退　　B. 收、查、储、拣、发

C. 追、收、储、拣、发　　D. 追、收、查、储、拣

2. 仓储管理职能可分为（　　）。

A. 基本职能，衍生职能　　B. 基本职能，普通职能

C. 衍生职能，管理功能　　D. 普通职能，管理功能

3. （　　）不是存货人的权利。

A. 提货权　　B. 转让权　　C. 保护权　　D. 索偿权

二、多项选择题

1. 仓储管理的基本职能包括（　　）。

A. 储存保管　　B. 流通调控　　C. 质量维护　　D. 数量管理

E. 商品检验　　F. 包退包换

2. 仓储合同订立原则有（　　）。

A. 平等的原则　　B. 等价有偿的原则

C. 自愿与协商一致的原则　　D. 合法和不损害社会公共利益的原则

E. 自愿转让的原则

3. 我国仓储业务存在的问题有（　　）。

A. 仓储成本高　　B. 仓库布局不够合理

C. 仓储设备和技术发展不平衡　　D. 仓储企业规模偏小、经济效益偏低

E. 仓储方面的人才缺乏　　F. 仓储管理方面的法则法规不够健全

G. 仓储费用过高

三、判断题

1. 仓储管理职能从物流角度看只有衍生职能。（　　）

2. 仓储管理不具备自动化的发展目标。　　（　　）

四、简答题

1. 什么是仓储管理？

2. 什么是仓储商务管理？

【思考与练习】

谈谈你所了解的我国仓储业现状,用自己的观点说说我国仓储业未来的发展趋势。

任务二 仓储的岗位调查

【任务目标】

1. 结合招聘信息了解仓储企业的组织与人员配备;
2. 熟悉仓储相应岗位的职责范围;
3. 引导学生养成爱岗敬业、认真严谨的工作态度。

【实施条件】

仓储与配送实训室,具备连接互联网的计算机。

【实施过程】

环节	操作及说明	注意事项及要求
环节一	通过学习通平台进行微课学习;阅读相关知识;了解典型的仓储企业的组织架构形式及从业人员岗位要求。具体内容如下: (1) 教师发布任务,学生学习微课视频,做课前测试题,并以小组为单位试做任务。 (2) 小组试做,根据不同岗位的要求来设计仓储企业的招聘信息。 (3) 小组讨论仓储岗位之间的关系	(1) 以室内调查为主,主要通过网络、图书馆、电话咨询等方式进行调研。 (2) 活动以学生分组的形式进行,小组成员注意分工协作,各司其职,按时完成任务
环节二	小组展示,教师引导	
环节三	(1) 根据学生试做情况,发现学生知识的薄弱之处,明确任务难点。 (2) 教师引导各小组修改优化仓储岗位招聘信息。 (3) 通过教师引导学习,突破教学重难点	

【知识链接】

请扫码阅读知识链接。

仓储业务之初识

【知识内化】

仓储组织和人员配备就是按照预定的目标,将仓储作业人员与储存手段有效结合起来,完成仓储作业过程各个环节的职责,为物品流通提供良好的储存劳务,加快物品在仓储中周转的速度,合理使用人力、物力,获得最大的经济效益。合理配备仓储企业的各类人员,就是根据仓储企业各项工作的需要,给不同的工作配备相应工种的人员,以保证各项工作正常有序进行。

仓储企业一般设有管理员、调度员、质检员等岗位,每个工作岗位均有自己的工作特点,正所谓"术业有专攻",每个工作岗位的工作内容不尽相同。

1. 仓库主管岗位职责

(1) 负责 B2C 网站仓储部门的收货、验货、理货、发货等业务单元的日常管理。

(2) 与第三方物流合作,完善配送及核账环节,降低配送成本。

(3) 制定及完善仓储制度,完善作业流程,规划仓储团队发展。

(4) 协调仓储部门与其他部门之间的合作。

(5) 定期提供与仓储物流有关的各项分析数据,提供决策建议。

2. 仓库助理岗位职责

(1) 按规定做好物资设备进出库的验收、记账和发放工作,做到账账相符。

(2) 随时掌握库存状态,保证物料及时供应,充分发挥周转作用。

(3) 协助货品的配送工作。

(4) 熟悉相应物料品种、规格、型号及性能填写等工作。

(5) 协助部门经理及财务部进行仓库盘点工作。

(6) 完成部门经理交代的其他工作事项。

3. 仓库管理员岗位职责

（1）根据收货员的收货记录，及时安排货物进仓，并登记相关信息。

（2）根据出仓指令发放货物，及时、准确地进行备货。

（3）及时、准确地提供相关货物进出仓信息，由统计员进行信息收集。

（4）每周根据统计员的库存报表进行循环盘点，保证货物信息与计算机记录一致。

（5）加强仓库的环境卫生和安全生产。

（6）保证在库货物的安全存放，对包装破损或堆放不合理的问题要及时采取措施。

（7）定期进行库位申请调整，不断提高库房利用率。

4. 仓库调度员岗位职责

（1）熟悉操作车辆 GPS 管理系统和常用计算机软件。

（2）熟悉公交系统调度工作流程，有较强的制度分析能力与执行能力。

（3）有一定的车辆构造、故障、维修、保养等知识。

（4）及时调动人员及叉车完成收发货任务。

（5）合理进行出仓派单，保证及时快速出货。

（6）监督收发员全面完成收发货作业（包含信息登记和采集）。

（7）提供完整的进出仓信息，由统计员进行数据统计。

5. 仓库质检员岗位职责

（1）主要负责日常仓库执行质检标准的监督工作。

（2）负责对日常退货的确认和原因分析。

（3）在实际工作中，优化质检标准，辅助仓库提高质检效率。

（4）完成上级领导布置的其他紧急任务。

6. 仓库收发员岗位职责

（1）根据营业部核实后的送货单进行收货，并在每件货物上做好标识。

（2）核实货物与出仓单是否一致。

（3）按客户要求做好货物分类清点，并以车尾为界与送货人员核对准确。

（4）根据货物特性合理安排货位上板堆放，保证货物堆放合理，包装无破损、无霜雪。

（5）加强对自提货物的发放管理，必须经主管核实后才能发放。

（6）收货时加强对货物的抽查，保证进仓时的数量准确，无短斤少两。

（7）保证货物在进仓前完好，信息准确无误。

（8）及时准确地提供相关货物进出仓信息，由统计员进行信息收集。

（9）注意言行举止，热情周到服务，展示公司良好形象。

（10）加强月台的管理和清洁，保持地面无杂物。

7. 仓库统计员岗位职责

（1）严格执行仓储部结算工作的程序，报表、记账及时且准确。

（2）保管好所负责的账簿、报表、票据等，存档备查。

（3）做好每日/每月与财务的对账。

8. 商品养护员岗位职责

（1）检查商品储存场所与环境，使其符合安全储存的要求。

（2）使用化学试剂、测潮仪等检测试剂和仪器或凭感官检测入库商品的质量、包装，发现问题，做出事故记录。

（3）使用温度、湿度测量仪测量，记录库内温度、湿度。

（4）控制调节库房内的温度与湿度。

（5）检查在库商品的储存状况，做出检查记录。

（6）对发生异常的商品进行翻垛通风、摊开晾晒、挑选整理、药剂除虫等处理，并提醒管理员催销、催调。

9. 装卸员岗位职责

（1）做好制度流程建设。

（2）进行货物装卸作业，保证按时按量装卸。

（3）负责货物装载后的加固防护工作。

（4）负责作业后的场地清扫和物资清理工作。

（5）进行业务、劳动纪律、现场管理等日常的检查、督导、考核工作。

10. 仓库客服岗位职责

（1）为客户提供专业、满意的电话咨询服务，协助用户完成订单。

（2）及时、准确地为用户解决售后、投诉等问题。

【做中学　学中做】

一、单项选择题

1. 检查商品储存场所与环境，使其符合安全储存的要求，是（　　）的职责。

　　A. 仓库客服　　　B. 商品养护员　　　C. 仓库统计员　　　D. 仓库质检员

2. 收货时加强对货物的抽查，保证进仓时的数量准确，无短斤少两，是（　　）的职责。

　　A. 仓库质检员　　B. 仓库统计员　　　C. 仓库调度员　　　D. 仓库收发员

3. 根据出仓指令发放货物，及时、准确地进行备货，是（　　）的职责。
A. 仓库统计员　　B. 仓库调度员　　C. 仓库管理员　　D. 仓库客服

二、多项选择题

1. 仓储企业一般设有（　　）等岗位，每个工作岗位均有自己的工作特点。
A. 养护员　　B. 管理员　　C. 调度员　　D. 质检员

2. 仓库质检员的岗位职责包括（　　）。
A. 负责日常仓库执行质检标准的监督工作
B. 负责对日常退货的确认和原因分析
C. 优化质检标准，辅助仓库提高质检效率
D. 完成上级领导布置的其他紧急任务

3. 仓库统计员的岗位职责包括（　　）。
A. 做好装卸人员的制度流程建设
B. 执行仓储部结算工作的程序，报表、记账及时准确
C. 保管好所负责的账簿、报表、票据等，存档备查
D. 做好每日/每月与财务的对账

三、简答题

1. 仓库管理员的岗位职责是什么？
2. 仓库中的商品养护员应该具备怎样的岗位职责？

【素养提升】

立足本职、爱岗敬业、勤勤恳恳、一丝不苟
【喜迎二十大·劳模展风采】唐丽娟：坚守岗位　护万家团圆

　　奋进新征程，汇聚榜样力量；建功新时代，彰显典型担当。为迎接党的二十大胜利召开，大力弘扬英模精神，发挥典型示范引领作用，向大家展现各行业各领域典型人物事迹。

　　唐丽娟是广西壮族自治区高速公路发展中心桂林分中心运营监督科的副科长。作为一名高速人，她不忘初心，爱岗敬业，从业22年来始终以执着、坚守、努力、奋斗践行着自己对高速公路事业的热爱。作为一名共

产党员,她始终自觉锤炼对党忠诚的政治品格,践行入党时的铮铮誓言,守护司乘人员的出行安全。在 2022 年年初的抗冰保畅工作中,她连续 70 多天坚守岗位,全身心投入公路养护、抢险保通、应急救援等各项工作中,用岗位坚守换来万家团圆。

(资料来源:https://www.toutiao.com/article/7153527572935639585/? channel = &source = search_ tab)

思考:在仓储工作中我们怎样才能做到爱岗敬业?

【思考与练习】

简述仓储业对从业人员岗位职责的要求。

任务三　成果汇报与考核评价

【任务目标】

1. 进行成果汇报,掌握成果汇报展示的方法并进行训练;
2. 评价各组的工作情况;
3. 在评价过程中具有爱岗敬业、认真严谨的工作态度。

【实施条件】

虚拟仿真实训室,具备连接互联网的计算机。

【实施过程】

环节	操作及说明	注意事项及要求
环节一	以小组为单位交流汇报调研成果,组与组之间提出问题、交流问题,师生互动,要求PPT展示,每组限定时间。汇报要点如下: (1)我国仓储的发展历程及变化。 (2)我国仓储未来的发展方向。 (3)仓储岗位的设置及职责。 (4)虚拟仿真系统操作中出现的问题	汇报过程中小组之间注意发现问题,并及时提出问题,之后大家共同讨论解决问题
环节二	学生自评、互评,小组组长点评各个组员的工作成效	
环节三	指导教师给各组评分,并进行有针对性的点评,汇总各组成果。引导学生总结我国仓储发展的现状并分析未来的发展趋势,以此提升学生的文化自豪感和国家荣誉感。在对仓储岗位职责总结中,引导学生养成爱岗敬业、认真严谨的工作态度	
环节四	考核评价	
环节五	反思与改进	

【课堂笔记】

【考核评价】

知识巩固与技能提高（40分）	得分：
计分标准： 得分 = 1 × 单选题正确个数 + 2 × 多选题正确个数 + 1 × 判断题正确个数	
学生自评（20分）	得分：
计分标准：初始分 = 2 × A的个数 + 1 × B的个数 + 0 × C的个数 　　　　　得分 = 初始分/26 × 20	

专业能力	评价指标	自测结果	要求 （A 掌握；B 基本掌握；C 未掌握）
知识目标	1. 了解仓储的含义； 2. 树立仓储管理的概念； 3. 熟悉仓储管理的模式； 4. 掌握仓储管理的基本特征； 5. 熟悉仓储部门的常用岗位配置	A☐　B☐　C☐ A☐　B☐　C☐ A☐　B☐　C☐ A☐　B☐　C☐ A☐　B☐　C☐	能够理解仓储及仓储管理的含义，掌握仓储管理的模式和基本特征，以及仓储部门的工作岗位
能力目标	1. 熟悉仓储管理的职能； 2. 掌握仓储管理方法； 3. 了解我国仓储业的现状及未来的发展趋势； 4. 熟悉各个岗位的能力要求和职责，能进行仓储人员招聘	A☐　B☐　C☐ A☐　B☐　C☐ A☐　B☐　C☐ A☐　B☐　C☐	掌握仓储管理的职能和管理方法，了解我国仓储业的现状及发展趋势，熟悉仓储岗位的能力要求，并为之进行准备
素质目标	1. 养成爱岗敬业、认真严谨的工作态度； 2. 遵守职业道德； 3. 树立民族自豪感	A☐　B☐　C☐ A☐　B☐　C☐ A☐　B☐　C☐	专业素质、严谨的工作态度得以提升，打造工匠精神

小组评价（20分）	得分：
计分标准：得分 = 10 × A的个数 + 5 × B的个数 + 3 × C的个数	

续表

团队合作	A☐ B☐ C☐	沟通能力	A☐ B☐ C☐
教师评价（20分）			得分：
教师评语			
总成绩		教师签字	

项目二

仓储建设业务

项目介绍

本项目主要介绍了仓库的概念、分类、功能和仓库的选址与布局等相关知识。按照不同的分类原则介绍了各种常用仓库，以及这些仓库如何进行选址和布局，根据选址与布局的原则和影响因素，介绍了仓库选址与布局的方法，旨在让学生了解更多的仓库类型，加深学生对仓库规划与布局相关知识的理解。以降低成本、提高效率为目的，合理选择仓储布局方式，为培养学生成为高素质的劳动者和管理者奠定基础。

知识目标

- 理解仓库的概念及分类；
- 熟悉仓库的功能；
- 理解仓库选址的重要性；
- 熟悉仓库选址的原则及影响选址的因素；
- 掌握仓库合理布局需要满足的要求及原则。

能力目标

- 能够进行简单的库房规划；
- 能够掌握仓库选址的步骤和方法；
- 能够对仓库的合理布局进行规划；
- 具有协调、规范管理的能力。

素质目标

- 引导学生增强仓储职业责任感与认同感；
- 增加实际工作体验，增强社会责任感；
- 树立作业过程中节约费用和降低成本的意识。

工作情景导入

全自动立体仓库快速普及，智能化无人仓储时代已来临

伴随着互联网科技快速发展，物流仓储业也逐渐进入无人化和智能化，为了适应更快的国际工业发展，降低人工成本，提升仓储效率和货物分发精准度，全自动立体仓库在不断升级中成功进入人们的视野。其中，意欧斯更是凭借高标准的自动化设备作业和信息化调度成功成为物流仓储行业的引领者。

意欧斯全自动立体仓库（AS/RS）主要是由立体货架、有轨巷道堆垛起重机、操作控制系统及其他如电线电缆桥架配电柜、托盘、调节平台、钢结构平台等辅助设备组成的复杂的自动化系统（图2-1）。通过各设备间的协调作业可实现仓库高层合理化、存取自动化、操作简便化等一系列操作。

图2-1 意欧斯全自动立体仓库

意欧斯全自动立体仓库采用的堆垛起重机是按照欧洲最高安全等级制作的，部件均采用高安全等级装置，关键部件及控制器来自欧洲高端品牌，安全性能在同类品牌中属于数一数二的水平。巷道堆垛起重机穿行于货架之间的巷道中，完成存货、取货的工作，而相比普通的堆垛起重机，意欧斯全自动立体仓库的堆垛起重机功能则更加丰富，更能适应多样化的仓储需求。

意欧斯全自动立体仓库不仅能实现多位置分时操作堆垛起重机，面对复杂货格的存储需求也同样能满足，并且为了实现密集存储，充分利用仓储空间，意欧斯全自动立体仓库在堆垛起重机设计上也经过精确衡量，意欧斯堆垛起重机的高度通常设计在 7~30 米，单台堆垛起重机的能力可达到 45~50 托/小时，加上高标准的软件配置，即使是在高速的曲线运动中，也能保持平稳，保证货物安全，不仅适用密集存储、大批量、快进快出的物品，面对 -25 ℃ 的冷库项目也同样适用。

在全自动立体仓库中，除堆垛起重机和立体货架等硬件设施外，操作控制系统等软件设施的配置更能体现一个品牌的技术。意欧斯全自动立体仓库在管理上采用计算机及条形码技术，通过先进的控制、总线、通信和信息技术，将集成化物流贯彻到底，基于 RFID（电子标签）技术的 WMS（仓库管理系统），意欧斯全自动立体仓库在传统仓库管理系统的基础上结合最先进的 RFID 技术实现即时的进出货、库存控制和发货，信息高度可视化、精准化。

全自动立体化仓库的出现，意味着物流仓储业将步入全新的发展阶段，智能化、无人化仓储将逐渐得到普及，而意欧斯全自动立体仓库正是把握住这个时机，一开始就用高标准占领市场尖端，成为行业领袖，企业如果不能尽早实现全自动立体化仓库，对仓储进行改革，在竞争异常激烈的市场环境下，很有可能就会在不断被赶超中最终淘汰，任何一个行业的尖端企业永远都是那些走在科技前沿、不断探索新的发展方式的企业，毕竟拥抱科技，接受变化，才是最快占领市场的发展法则。

（资料来源：http://news.rfidworld.com.cn/2019_07/d7ec3ed4f1368295.html）

通过上述资料，请思考：仓库有哪些种类？它们的功能分别是什么？立体仓库有什么特点？仓库应该如何选址？又应该如何布局？

任务一　仓库认知

【任务目标】

1. 结合实际了解并熟悉仓库的分类及功能；
2. 能够按仓库的不同用途对仓库进行分类；
3. 引导学生增强对仓储业的责任感与认同感。

【实施条件】

虚拟仿真实训室，具备连接互联网的计算机。

【实施过程】

环节	操作及说明	注意事项及要求
环节一	通过学习通平台进行微课学习；阅读相关知识；了解并熟悉仓库的分类及功能。具体内容如下： （1）教师发布任务，学生学习微课视频，做课前测试题，并以小组为单位试做任务。 （2）利用课程平台发布任务。 （3）小组试做，根据仓库的不同用途对仓库进行合理分类。 （4）小组讨论仓库分类的合理性	（1）以室内调查为主，主要通过网络、图书馆、电话咨询等方式进行调研。 （2）活动以学生分组的形式进行，小组成员注意分工协作，各司其职，按时完成任务
环节二	小组展示，教师引导	
环节三	（1）根据学生试做情况，发现学生知识的薄弱之处，明确任务重点。 （2）教师引导各小组修改分类方案。 （3）通过教师引导学习，突破教学重难点	

【知识链接】

请扫码阅读知识链接。

仓库的类型

自动化仓库系统

【知识内化】

仓储是通过仓库对物资进行储存、保管及仓库相关储存活动的总称。仓库是产品生产、流通过程中因订单前置或市场预测前置而使产品、物品暂时存放的场所，它是集中反映工厂物资活动状况的综合场所，是连接生产、供应、销售的中转站，对提高生产效率起着重要的辅助作用。

1. 仓库简介

仓库由储存物品的库房、运输传送设施（如起重机、电梯、滑梯等）、出入库房的输送管道和设备,以及消防设施、管理用房等组成。仓库按所储存物品的形态可分为储存固体物品的仓库、液体物品的仓库、气体物品的仓库和粉状物品的仓库;按储存物品的性质可分为储存原材料的仓库、半成品的仓库和成品的仓库;按建筑形式可分为单层仓库、多层仓库、圆筒形仓库。

《诗经·小雅》有"乃求千斯仓",可知仓库建筑源远流长。现代仓库更多地考虑经营上的收益而不仅为了储存,这是同旧式仓库的区别所在。因此,现代仓库在运输周转、储存方式和建筑设施上都重视通道的合理布置、货物的分布方式和堆积的最大高度,并配置经济有效的机械化、自动化存取设施,以提高储存能力和工作效率。

为了提高仓储效率、降低仓储企业成本,需要选择合理的仓储布局方式及仓储设备的使用方法,那么首先应该对仓库的类别进行了解。

2. 仓库的分类

为了科学管理、有效利用仓库,可以按照不同的分类标准对仓库进行分类。

(1) 按仓库用途分类。按仓库在商品流通过程中所起的作用可分为以下几种。

①批发仓库。批发仓库主要是用于储存从采购供应库场调进或在当地收购的商品,这一类仓库一般贴近商品销售市场,规模同采购供应仓库相比要小一些,它既可以从事批发供货业务,也可以从事拆零供货业务。批发商业是流通的命脉,也是市场的主宰。批发商业要掌握商品资源,保证市场供应,就必须保持一定量的商品储存,做好采购供应仓库经营管理工作。

②采购供应仓库。采购供应仓库主要用于集中储存从生产部门收购的和供国际之间进出口的商品,一般这类的仓库库场设置在商品生产比较集中的大、中城市,或商品运输枢纽的所在地。采购供应仓库的基本任务是负责储存从工业、农业生产企业或工厂收购的商品;根据供应政策和仓库经营方针,组织商品供应零售商业企业,保证市场需要。

③加工仓库。加工仓库是商品保管与加工相结合的流通仓库,主要职能是根据市场的需要,对储存的商品进行选择、整理、分级、包装等,并进行简单的流通加工。目前,兼有加工职能的仓库是物流企业仓储服务发展的趋势。加工仓库承担着储存与加工的双重职能,所以,对某些商品必须进行加工整理后才可发运,如农副产品、畜产品、中药材等可以设置加工专用仓库,对库存商品进行挑选、整理、加工、包装、储运,然后出运。

④中转仓库。中转仓库是物资流通的中转站,我国古代就存在着这种为物资流通中转服务的仓储。中转仓库处于货物运输系统的中间环节,存放那些等待转运的货物,一般货物在此仅做临时停放。这一类仓库一般设置在公路、铁路的场站和水路运输的港口码头附近,以方便货物在此等待装运。

⑤零售仓库。零售仓库是指商品零售企业直接使用和管理的仓库。在商业领域中,存在

成千上万个零售商业企业，根据储备原则，建立必要的商品储存，用于为商业零售做短期存货。这些零售商业企业为保证市场商品供应，满足消费者需求，一般提供店面销售。

⑥储备仓库。储备仓库一般由国家设置，以保管国家应急的储备物资和战备物资，如国家储备粮库、国家储备物资仓库等。货物在这类仓库中储存的时间一般比较长，并且储存的物资会定期更新，以保证物资的质量。它除保持物资的正常周转外，对于以丰补歉、抗御灾害、应付突发事件、保证经济和社会稳定都具有重要的意义。

⑦保税仓库。保税仓库是指由海关批准设立的供进口货物储存而不受关税法和进口管制条例管理的仓库。它是应国际贸易的需要，设置在一国国土之内，但在海关关境以外的仓库，进出口货物可以免税进出这类仓库，并且经过批准后，可以在保税仓库内对货物进行加工、存储、转口等作业。各国对保税仓库货物的堆存期限均有明确规定。设立保税仓库除为贸易商提供便利外，还可以促进转口贸易。保税仓库按照使用对象不同又可分为公用型保税仓库、自用型保税仓库和专用型保税仓库。

（2）按存放的货物特性分类。

①原料仓库。原料仓库是用来储存生产所使用的原材料的，这类仓库一般比较大（图2-2）。

②产品仓库。产品仓库的作用是存放已经生产完成的产品，但这些产品还没有进入流通区域，这种仓库一般附属于产品生产工厂。

③冷藏仓库。冷藏仓库用来储藏那些需要进行冷藏储存的货物，一般是农副产品、生鲜产品、药品等对于储存温度有特殊要求的物品（图2-3）。

图2-2　原料仓库　　　　　　　　　图2-3　冷藏仓库

④恒温仓库。恒温仓库和冷藏仓库一样，也用来储存对于储藏温度有特殊要求的产品（图2-4）。

⑤危险品仓库。危险品仓库从字面上就比较容易理解，是用于储存危险品的。危险品可能对人体及环境造成危险，因此，在此类物品的储存方面一般会有特定的要求。例如，许多

化学用品就是危险品，它们的储存都有专门的条例（图2-5）。

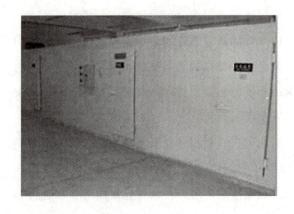

图2-4 恒温仓库

图2-5 危险品仓库

⑥水面仓库。圆木、竹排等能够在水面上漂浮的物品可以储存在水面上。

（3）按仓库的构造分类。

①单层仓库。单层仓库是最常见的，也是使用最广泛的一种仓库建筑类型，这种仓库只有一层，无须设置楼梯（图2-6）。其适用于储存金属材料、建筑材料、矿石、机械产品、车辆、油类、化工原料、木材及其制品等。水运码头仓库、铁路运输仓库、航空运输仓库多采用单层建筑，以加快装卸速度。单层仓库的总平面设计要求道路贯通，装运的汽车、铲车能直接进出仓库。这种仓库一般采用预制钢筋混凝土结构，柱网一般为6 m，跨度为12 m、15 m、18 m、24 m、30 m、36 m不等。地面堆货荷载大的仓库，跨度宜大。库内起重机的起重能力根据储存货物单件的最大质量确定。起重量在5 t以下的可采用单梁式起重机或单轨葫芦；大于5 t的采用桥式起重机。仓库要求防潮。如供储存易燃品之用，应采用柔性地面层防止产生火花。屋面和墙面均应不渗水、不漏水。

②多层仓库。相对单层仓库，必然有多层仓库（图2-7）。多层仓库一般占地面积较小，建筑成本可以控制在有效范围内，它一般建在人口稠密、土地使用价格较高的地区，常用来储存城市日常使用的高附加值的小型商品。一般储存百货、电子器材、食品、橡胶产品、药品、医疗器械、化学制品、文化用品、仪器仪表等。底层应有卸货、装货场地，装卸车辆可直接进入。货物的垂直运输一般采用载重量1.5~5 t的运货电梯。应考虑装运货手推车或铲车能开入电梯间内，以加快装卸速度。多层仓库常采用滑梯卸货。滑梯多采用钢筋混凝土结构，水磨石打蜡作为面层，也可采用金属骨架、钢板面层，但要防止钢板生锈或采用不锈钢板作为面层。多层仓库如单位荷载大于500 kg，可采用无梁楼盖。仓库内一般不粉刷，原浆勾缝刷白即可；储存百货、药品、食品、服装的仓库内要粉刷，以防止缝中藏虫。

因为是多层结构，所以一般是使用输送设备来搬运货物，日常维护费用较高，存放成本稍高。

图2-6 单层仓库

图2-7 多层仓库

③立体仓库。立体仓库又被称为高架仓库，也是一种单层仓库，但同一般的单层仓库不同，它利用高层货架来储存货物，而不是简单地将货物堆积在库房地面上（图2-8）。在立体仓库中，因为货架一般比较高，所以货物的存取需要采用与之配套的机械化、自动化设备，一般在存取设备自动化程度较高时也将这样的仓库称为自动化仓库。

④筒仓。筒仓是用于存放散装的小颗粒或粉末状货物的封闭式仓库。一般这种仓库被置于高架上，如经常用来存储粮食、水泥和化肥等的仓库（图2-9）。

图2-8 立体仓库

图2-9 水泥仓库

⑤迷你仓库。中国现阶段出现了以寄存物品为业务的迷你仓库雏形，一些大的仓库提供小面积的存储服务，这类服务是将物品堆放在大仓库里，物与物之间没有明显的间隔，因此缺乏安全性和隐秘性。大部分地区都不具备发展迷你仓库的条件，现阶段，我国只有上海、北京、深圳等一些一线城市出现了迷你仓库（图2-10）。

图 2-10 迷你仓库

⑥圆筒形仓库。一般储存散装水泥、干矿渣、粉煤灰、散装粮食、石油、煤气等（图 2-11）。圆筒形仓库的建筑设计根据储存物品的种类和进卸料方式而确定。库顶、库壁和库底必须防水、防潮，库顶应设置吸尘装置。为便于日常维修，要设置吊物孔、人孔（库壁设置爬梯）、量仓孔和起重吊钩等。圆筒形仓库一般用现浇预应力钢筋混凝土结构，用滑模法施工。储油库和储气库则用金属结构。要注意仓库的通风，每层仓库的外墙上应设置百叶窗，百叶窗外加金属网，以防止鸟雀进入。危险品库，如储油（气）或储化工原料的仓库必须防热、防潮，在屋面上加隔热层或按防爆屋面设计，出入口设置防火隔墙，地面采用不产生火花的材料，一般可采用沥青地面。储油库要设置集油坑。食品仓库要防蚁、防蜂。

⑦露天堆场。露天堆场是在露天堆放货物的场所（图 2-12）。一般堆放大宗原材料，或者不怕受热或受潮的货物。

图 2-11 圆筒形仓库

图 2-12 露天堆场

(4) 按仓库的经营主体分类。

①自用仓库。自用仓库是指某个企业建立的供自己使用的仓库，这种仓库一般由企业自己进行管理。

②公用仓库。公用仓库是一种面向社会,专业从事仓储经营业务,并收取费用的仓库。

3. 仓库的功能

(1)保管储存功能。保管储存功能是仓库的首要功能。仓库具有一定的空间,用于储存物品,并根据储存物品的特性配备相应的设备,以保证储存物品的完好性。例如,储存挥发性溶剂的仓库,必须设有通风设备,以防止空气中挥发性物质含量过高而引起爆炸。储存精密仪器的仓库,需要防潮、防尘、恒温,因此应设置空调、恒温设备等。

(2)配送加工功能。现代仓库的功能已处在由保管型向流通型转变的过程之中,即仓库由储存、保管货物的中心向流通、销售的中心转变。仓库不仅要有储存、保管货物的设备,而且还要增加分拣、配套、捆绑、流通加工、信息处理等设备。这样,既扩大了仓库的经营范围,提高了物质的综合利用率,又方便了消费,提高了服务质量。

(3)调节运输功能。各种运输工具的运输能力是不同的,船舶的运输能力很大,海运船一般是万吨级,内河船舶也有几百吨至几千吨。火车的运输能力较小,每节车皮能装运30~60 t,一列火车的运量最多达几千吨。汽车的运输能力相对来说更小,一般每辆车装运4~10 t。它们之间的运输衔接是很困难的,这种运输能力的差异,也是通过仓库进行调节和衔接的。

(4)调节供需功能。现代化大生产的形式多种多样,从生产和消费的连续来看,每种产品都有不同的特点,有些产品的生产是均衡的,而消费是不均衡的,还有一些产品生产是不均衡的,而消费却是均衡的。要使生产和消费协调起来,这就需要仓库来起"蓄水池"的调节作用。

(5)信息传递功能。伴随着以上功能的改变,导致了仓库对信息传递的要求。在处理与仓库活动有关的各项事务时,需要通过电子数据交换(EDI)和条形码技术来提高仓储物品信息的传输速度,及时而又准确地了解仓储信息,如仓库利用水平、进出库的频率、仓库的运输情况、顾客的需求及仓库人员的配置等。

【做中学 学中做】

一、单项选择题

1. ( )是用来储存生产所用的原材料的,这类仓库一般比较大。
   A. 产品仓库   B. 冷藏仓库   C. 水面仓库   D. 原料仓库

2. 由海关批准设立的,供应进口货物储存而不受关税法和进口管制条例管理的仓库是( )。
   A. 储备仓库   B. 零售仓库   C. 保税仓库   D. 中转仓库

3. ( )是指通过仓库或对物资进行储存,保管及相关储存活动的总称。
   A. 仓库   B. 仓储   C. 运输   D. 储备

4. （　　）是集中反映工厂物资活动状况的综合场所，是连接生产、供应、销售的中转站。

A. 仓库　　　B. 仓储　　　C. 加工　　　D. 包装

5. （　　）仓库一般采用预制钢筋混凝土结构。

A. 单层　　　B. 多层　　　C. 产品　　　D. 冷藏

二、多项选择题

1. 将仓库按用途分类，可分为（　　）。

A. 冷藏仓库　B. 批发仓库　C. 采购供应仓库　D. 加工仓库

E. 中转仓库

2. 按存放货物的特性进行分类，可将仓库分为（　　）。

A. 恒温仓库　B. 单层仓库　C. 冷藏仓库　D. 产品仓库

E. 原料仓库

3. 单层仓库的特点有（　　）。

A. 设计简单，所投资较少　　　B. 地面承压能力较强

C. 各种附属设备　　　　　　　D. 在仓库内搬运、装卸货物比较方便

4. 按仓库的构造进行分类，可分为（　　）。

A. 单层仓库　B. 多层仓库　C. 自用仓库　D. 立体仓库

E. 迷你仓库

5. 按仓库的经营主体进行分类，可分为（　　）。

A. 自用仓库　B. 公用仓库　C. 立体仓库　D. 多层仓库

6. 仓库的功能有（　　）。

A. 保管储存功能　　　　　　　B. 配送加工功能

C. 信息传递功能　　　　　　　D. 调节运输功能

【思考与练习】

请思考仓库按不同用途将如何进行分类？

任务二　仓库选址业务

【任务目标】

1. 结合仓库选址的影响因素和原则，掌握仓库选址的步骤和方法；
2. 掌握仓库选址的策略；
3. 引导学生增加实际工作体验，增强社会责任感。

【实施条件】

虚拟仿真实训室，具备连接互联网的计算机。

【实施过程】

环节	操作及说明	注意事项及要求
环节一	通过学习通平台进行微课学习；阅读相关知识；根据仓库选址的影响因素和原则，掌握仓库选址的步骤和方法。具体内容如下： （1）教师发布任务，学生学习微课视频，做课前测试题，并以小组为单位试做任务。 （2）利用课程平台发布任务。 （3）小组试做，根据发布的任务为预设仓库选择合适的地址。 （4）小组讨论仓库选址的步骤与方法。	（1）以室外调查为主，主要通过实地走访与观测等方式进行调研。 （2）活动以学生分组的形式进行，小组成员注意分工协作，各司其职，按时完成任务
环节二	小组展示，教师引导	
环节三	（1）根据学生试做情况，发现学生知识的薄弱之处，明确任务重点。 （2）教师引导各小组修改优化仓库选址方案。 （3）通过教师引导学习，突破教学重难点	

【知识链接】

请扫码阅读知识链接。

仓库选址

设施选址概述

【知识内化】

不同类型的仓库对于选址有着不同的要求，考虑的因素也多种多样，但无论哪种仓库，首要考虑的是经营上的收益，因此，在运输周转、储存方式和建筑设施上都应重视通道的合理布置。

1. 仓库选址的含义

仓库选址是指在一个具有若干供应点及若干需求点的经济区域内，选择一个地址建立仓库的规划过程。合理的选址方案应该使商品通过仓库的汇集、中转、分发，达到需求点的全过程的效益最好。因为仓库的建筑物及设备投资太大，所以选址时要慎重，如果选址不当，损失不可弥补。

2. 仓库选址的重要性

仓库选址、布局对于提高物资管理能力、充分发挥仓库的功能、降低仓储配送成本具有重要的意义。无论是公司还是企业，盲目地进行仓储的选址与规划都会造成巨大的浪费。规划是指在整体设计的观念上，事先对全部程序周详地、有系统地分析，再定出一个明晰的架构，以便于系统的建立。显然，在仓储系统规划层面需要解决的核心问题是对仓库在市场区域的布局与规模的把握，仓库选址的好坏直接会影响到公司企业的服务和工作效率。仓储系统选址还对商品流转速度和流通费用产生直接的影响，并关系到企业对顾客的服务水平和服务质量，最终影响企业的销售量和利润。一旦选择不当，将给企业带来很多不良后果，而且难以改变。因此，在进行仓储系统选址时，应综合考虑各种因素，在充分调查研究基础上对各备选方案进行综合评估，以确定最佳库址。

3. 仓库选址的影响因素

（1）自然因素。

①地质地形条件。主要考虑土壤的承载能力，仓库是大宗商品的集结地，货物会对地面形成较大的压力，如果存在着淤泥层、流沙层、松土层等不良地质环境，则不适合建设仓

库。另外，仓库最好建设在地势高、地形平坦的地方，尽量避开山区及陡坡地区，最好选择长方地形。

②气象水文条件。主要考虑的气象水文条件有年降水量、空气温度、湿度、风力、无霜期长短、冻土厚度等。要认真搜集选址地区近年来的气象水文资料，需远离容易泛滥的大河流域和上溢的地下水区域，地下水水位不能过高，故河道及干河滩也不可选。

（2）经营因素。

①政策背景。选择建设仓库的地方是否有优惠的物流产业政策对物流产业进行扶持，这将对物流业的效益产生直接影响，当地的劳动力素质的高低也是需要考虑的因素之一。

②周边环境。一是仓库周边不能有火源，不能靠近住宅区；二是仓库所在地的周边地区的经济发展情况应对物流产业有促进作用。

（3）基础设施。

①交通条件。仓库的位置必须交通便利，最好靠近交通枢纽，如港口、车站、交通主干道（国、省道）、铁路编组站、机场等，应该有两种运输方式衔接。

②公共设施。要求城市的道路畅通，通信发达，有充足的水、电、气、热的供应能力，有污水和垃圾处理能力。

（4）商品及服务。

①商品特性。经营不同类型商品的仓库应该分别布局在不同地域，如生产型仓库的选址应与产业结构、产品结构、工业布局紧密结合进行考虑。

②服务效率。物流服务水平是影响物流产业效益的重要指标之一，所以，在选择仓库地址时，要考虑能否快速及时送达，这就要求建设在接近物流服务需求地，如大型工业、商业区等，不仅可以保证客户在任何时候向仓库发出的需求，还可以缩短运输距离，降低物流费用。

4. 仓库选址的原则

仓库地址的选择过程应该同时遵循可行性原则、适应性原则、经济性原则、战略性原则、协调性原则和可持续发展原则。

（1）可行性原则。仓库选址要充分考虑到建设的可行性，同时，考虑选址最终的可操作性。仓库选址一定要建立在现有的生产发展水平基础上，要考虑到实际的需要，使规划能够最终实现既定目标。

（2）适应性原则。仓库地址的选择必须与国家及地区的经济发展方针、政策相适应，与国家物流资源分布和需求分布相适应，与国民经济和社会发展相适应。

（3）经济性原则。在建设过程中，仓库有关选址的费用主要包括建设费用及物流费用（经营费用）两部分。仓库选址定在市区、近郊区或远郊区，其未来物流辅助设施的建设规模与建设费用，以及运费等物流费用是不同的。选址时，应以总费用最低作为仓库选址的经济性原则。

（4）战略性原则。仓库的选址应具有战略眼光。一是要考虑全局；二是要考虑长远规划。局部要服从全局，目前利益要服从长远利益，既要考虑目前的实际需要，又要考虑日后发展的可能。

（5）协调性原则。仓库的选址应将区域物流网络作为一个大系统来考虑，使仓库的设施、设备在地域分布、物流作业生产力、技术水平等方向互相协调。

（6）可持续发展原则。可持续发展原则主要是指在环境保护上，充分考虑长远利益，维护生态环境，促进城乡一体化发展。

5. 仓库选址的步骤和方法

仓库的选址可分为两个步骤进行：第一步为分析阶段，具体有需求分析、费用分析、约束条件分析；第二步为筛选及评价阶段，根据所分析的情况，选定具体地点，并对所选地点进行评价。具体操作方法如下。

（1）分析阶段。分析阶段有以下内容。

①需求分析。根据物流产业的发展战略和产业布局，对某一地区的顾客及潜在顾客的分布进行分析。

②费用分析。费用分析主要有工厂到仓库之间的运输费、仓库到顾客之间的配送费、与设施和土地有关的费用及人工费等，如所需车辆数、作业人员数、装卸方式、装卸机械等所需费用。运输费随着距离的变化而变动，而设施费用、土地费用是固定的，人工费是根据业务量的大小确定的。以上费用必须综合考虑，进行成本分析。

③约束条件分析。地理位置是否合适，应靠近铁路货运站、港口、公路主干道；道路通畅情况，是否符合城市或地区的规划；是否符合政府的产业布局，有没有法律制度约束等。

（2）筛选及评价阶段。分析活动结束后，得出综合报告，根据分析结果在本地区内初选几个仓库地址，然后在初选的几个地址中进行评价确定一个可行的地址，编写选址报告，报送主管领导审批。评价方法有以下几种。

①量本利分析法。任何选址方案都有一定的固定成本和变动成本，不同的选址方案的成本和收入都会随仓库储量变化而变化。利用量本利分析法，可采用作图或进行计算比较数值进行分析。进行计算比较数值要求计算各方案的盈亏平衡点的储量及各方案总成本相等时的储量。在同一储量点上选择利润最大的方案。

②加权评分法。对影响选址的因素进行评分，把每一地址各因素的得分按权重累计，比较各地址的累计得分来判断各地址的优劣。步骤是：确定有关因素；确定每一因素的权重；为每一因素确定统一的数值范围，并确定每一地址各因素的得分；累计各地址每一因素与权重相乘的和，得到各地址的总评分；选择总评分值最大的方案。

③重心法。重心法是一种选择中心位置，从而使成本降低的方法。它将成本看成运输距离和运输数量的线性函数。此种方法利用地图确定各点的位置，并将一坐标重叠在地图上确定各点的位置。坐标设定后，计算重心。

6. 仓库选址的策略

（1）市场定位策略。市场定位策略是指将仓库选择在离最终客户最近的地方。仓库的地理定位接近主要的客户，会增大供应商的供货距离，却缩短了向客户进行第二程运输的距离，这样可以提高对客户的服务水平。

市场定位策略最常用于食品分销仓库的建设，这些仓库通常接近所要服务的各超级市场，使多品种、小批量库存补充的经济性得以实现。将制造业生产物流系统中的零部件或常用工具存放在生产线旁也是市场定位策略的应用，它可以保证"适时供应"。

影响这种仓库位置的因素主要包括运输成本、订货周期、产品敏感性、订货规模、当地运输的可获得性和要达到的客户服务水平等。

（2）制造定位策略。制造定位策略是指将仓库选择在接近产地的地方，通常用来集运制造商的产成品。产成品从工厂移送到这样的仓库，再从仓库里将全部种类的物品运往客户，这些仓库的基本功能是支持制造商采用集运费率运输产成品。

对于产品种类多的企业，产成品运输的经济性来源于大规模整车和集装箱运输。同时，如果一个制造商能够利用这种仓库以单一订货单的运输费率为客户提供服务，还能产生竞争差别优势。

影响这种仓库位置的因素主要包括原材料的保存时间、产成品组合中的品种数量、客户订购的产品种类和运输合并率。

（3）中间定位策略。中间定位策略是指把仓库选择在最终客户和制造商之间的中点位置，中间定位仓库的客户服务水平通常高于制造定位的仓库，但低于市场定位的仓库。如果企业提供由几个供应商制造的产品且还要保证较高的服务水平，那就需要采用这种策略，为客户提供库存补充和集运服务。

仓库选址所要考虑的因素在某些情况下是非常简单的，而在某些情况下却异常复杂，尤其是在关系国计民生的战略储备仓库的选址时，这种复杂性就更加突出。

【做中学　学中做】

一、单项选择题

1. （　　）在一个具有若干供应点及若干需求点的经济区域内，选一个地址建立仓库的规划过程。

　　A. 仓库选址　　　B. 仓库定位　　　C. 仓库布局　　　D. 仓库位置

2. （　　）是指将仓库选在离最终用户最近的地方。

　　A. 市场定位策略　B. 制造定位策略　C. 中间定位策略

3. （　　）是指将仓库选在接近产地的地方，通常用来集运制造商的产成品。

　　A. 市场定位策略　B. 制造定位策略　C. 中间定位策略

4. （　　）是指把仓库选在最终用户和制造商之间的中点位置，中间定位仓库的客户服务水平通常高于制造定位的仓库，但低于市场定位的仓库。

　　A. 市场定位策略　B. 制造定位策略　C. 中间定位策略

二、多项选择题

1. 影响仓库选址的因素是（　　）。

　　A. 自然因素　　　B. 经营因素　　　C. 基础设施　　　D. 商品及服务

　　E. 经济实力

2. 仓库选址的原则是（　　）。

　　A. 可行性原则　　B. 适应性原则　　C. 经济性原则　　D. 战略性原则

　　E. 协调性原则　　F. 可持续发展原则

3. 仓库选址的策略是（　　）。

　　A. 市场定位策略　B. 制造定位策略　C. 中间定位策略　D. 产出定位策略

【思考与练习】

在仓库中选址时需要考虑哪些因素？应遵循怎样的原则？

任务三　仓库布局业务

【任务目标】

1. 结合商品属性掌握仓储分拣作业的方法及策略；
2. 掌握仓储补货的方式及时机；
3. 引导学生树立作业过程中节约费用和降低成本的意识。

【实施条件】

虚拟仿真实训室，具备连接互联网的计算机。

【实施过程】

环节	操作及说明	注意事项及要求
环节一	通过学习通平台进行微课学习；阅读相关知识；了解并掌握仓库合理布局需满足的要求及原则，结合仓库布局的影响因素及布局目标为仓库做好内部布局。具体内容如下： （1）教师发布任务，学生学习微课视频，做课前测试题，并以小组为单位试做任务。 （2）利用课程平台发布任务。 （3）小组试做，根据不同类型仓库的布局要求及影响因素对拟定仓库做内部布局。 （4）小组讨论仓储补货的最佳时机	（1）以室内调查为主，主要通过网络、图书馆、电话咨询等方式进行调研。 （2）活动以学生分组的形式进行，小组成员注意分工协作，各司其职，按时完成任务
环节二	小组展示，教师引导	
环节三	（1）根据学生试做情况，发现学生知识的薄弱之处，明确任务难点。 （2）教师引导各小组形成仓库布局报告。 （3）通过教师引导学习，突破教学重难点	

【知识链接】

请扫码阅读知识链接。

仓库的选址与布局

【知识内化】

仓库布局是在一定区域或库区内,对仓库的数量、规模、地理位置和仓库设施、道路等要素进行的科学规划和总体设计。应在充分利用现有仓库内部空间的情况下,根据储存物资特点、公司财务状况、市场竞争环境和顾客需求情况来适时改变仓库布局。

1. 仓库布局的要求

仓库合理布局需要满足的要求有以下几项。

(1) 提高仓库产出率。

(2) 获得最低仓库成本费用。

(3) 仓库位置应便于货物的入库、装卸和提取,提高仓库内存储物资流动速度,库内区域划分明确、布局合理。

(4) 集装箱货物仓库和零担仓库尽可能分开设置,库内货物应按发送、中转、到达货物分区存放,并分线设置货位,以防止事故的发生;要尽量减小货物在仓库的搬运距离,避免任何迂回运输,并要最大限度地利用空间。

(5) 有利于提高装卸机械的装卸效率,满足装卸工艺和设备的作业要求。

(6) 仓库应配置必要的安全、消防设施,以保证安全生产。

(7) 仓库货门的设置,既要考虑集装箱和货车集中到达时的同时装卸作业要求,又要考虑由于增设货门而造成堆存面积的损失。

2. 仓库布局的影响因素

仓库布局的影响因素很多,主要有以下几点。

(1) 工农业生产布局。流通部门的工农业仓库受工农业生产布局的制约,因此,仓库的布局必须以我国资源的分布情况、工农业生产部门的配置、不同地区的生产发展水平及发展规划为依据。这就是说,在进行仓库的布局时要充分研究工农业生产布局,注意各地区生产和产品的特点，以及这些物质产品进入流通过程的规律，以适应工农业产品收购、储存和调运的需要。

（2）货物需求量的分布。我国各地区经济发展很不平衡，人民生产消费水平也各不相同，所以，各地区对各种货物需求量的多少也有所不同，尤其对生活消费品需求更是五花八门。所以，研究不同地区的消费特征，考虑各种货物的销售市场的分布及销售规律，是仓库布局的另一个重要依据。这就是说，仓库的分布与商品市场的分布应保持一致。

（3）经济区域条件。所谓经济区域，是结合了生产力布局、产销联系、地理环境、交通运输条件等所自然形成的经济活动区域的简称。所以，按照经济区域组织流通，合理分布仓库对于提高物流速度、缩短运输路线、降低物流费用等都有着重要的意义。

（4）交通运输条件。交通运输条件是组织物流活动的基本条件之一，如果交通不便，势必造成货物储存和交通运输的困难。因此，在仓库的布局上，特别要重视交通运输条件，仓库地址应尽量选择在具有铁路、公路、水路等运输方便和可靠的地方，这是合理组织物流的基础。

（5）其他相关因素。还应根据组织流通的需要，以及我国现有仓库设施和批发、零售网点的分布状况合理布局仓库。

总之，仓库的合理布局是在综合考虑上述因素的基础上，根据有利于生产、提高物流速度、方便消费和提高物流效益的原则，统筹规划，合理安排，这对于提高物流系统的整体功能具有重要的意义。

3. 仓库布局的原则

（1）提高资产平均利用率。提高资产的平均利用率应尽可能采用造价低、性价比高的仓储设备。尽量减少通道所占用的空间，以提高仓储作业区域的使用率，充分利用仓库的高度，多使用高层货架或托盘来多层堆放，提高储存量，增加可使用的仓储空间。

（2）实现批量操作。实现批量操作应尽量配置高效的物料搬运设备并优化操作流程，以满足大批量作业。为了缩短货品单件的流动距离，提高流动效率，一般的做法是批量操作，不到最后关头不拆散货物。因为整托盘操作比拆成单箱操作更加节省成本，在经济意义上更加有效。在所有货物都必须频繁移动的仓库中，批量储存能使货物快速移动，也能减少库位不足的矛盾。

（3）加强拣货区管理。需要快速移动的货品要尽量靠近拣货区，以便减少货品频繁搬动。拣货区域可按货品流动速度区分或按货品订货发生频率区分。在仓库中，劳动力使用最多的地方是拣货作业区域，那里最容易出错，最容易影响服务水平，人员也最集中，所以，关注货品流动速度也应该把重点放在那里。

（4）提高运作效率。提高运作效率就需要保持货物在出入库时单向和直线运动，避免逆向操作和大幅度变向的低效率运作。

4. 仓库布局的目标

（1）保护目标。可以制定一些通用的指导方针来实现保护的目标：第一，应该把危险物品，如易爆、易燃、易氧化的物体与其他物体分开,以减小损坏的可能性;第二,应该保护需要特殊安全设施的产品,以防止被盗;第三,应该对需要温控的设备如冰箱或加热器等物品进行妥善安置;第四,仓库人员应该避免将需要轻放和易碎的物品与其他物品叠放,以防止损坏。

(2)效率目标。效率目标有两个含义:第一,仓库空间要有效利用,这就是要利用现有设施的高度,减少过道的空间;第二,仓库里台架的布局要合理,以减少人工成本和搬运成本。

(3)适度机械化。机械化系统的使用大大地提高了分销效率。机械化通常在以下情况最为有效:物品形状规则、容易搬运时;订单选择活动较为频繁时;产品数量波动很小且大批量移动时。在投资于机械化、自动化时,应考虑相关风险,这包括因为技术的快速变化而引起的设备磨损和贬值,以及大规模投资的回报问题。

5. 仓库的内部布局

仓库的内部布局就是根据库区场地条件、仓库的业务性质和规模、商品储存要求及技术设备的性能和使用特点等因素,对仓库的主要和辅助建筑物、货场、站台等固定设施与库内运输线路进行合理安排和配置,以最大限度地提高仓库的储存和作业能力,并降低各项仓储作业费用。

仓库的内部布局和规划是仓储业务和仓库管理的客观需要,其合理与否直接影响到仓库各项工作的效率和储存商品的安全。仓库内部布局的主要任务就是如何合理地利用库房面积。在库房内不但需要储存商品,而且需要进行其他作业,如果为了提高库房储存能力,就必须尽可能增加储存面积;如果为了方便库内作业,又必须尽可能适应作业要求,相应地安排必要的作业场地。但是,库房内部的面积是有限的,所以,库房合理布局所要解决的中心问题就是设法协调商品储存和库内作业对库房面积的需要,保证库房面积得到充分的利用,仓库内部布局主要包括仓库总平面布局、仓库作业区布局和库房内部布局。

(1)仓库总平面布局。仓库总平面布局包括库区的划分及建筑物、构筑物平面位置的确定,运输线路的组织与布置,库区安全防护及绿化和环境保护等内容。仓库总平面布局应满足以下要求。

①方便仓库作业和保障商品储存安全。

②最大限度地利用仓库面积。

③防止重复搬运、迂回运输和交通阻塞。

④有利于充分利用仓库设施和机械设备。

⑤符合安全保卫和消防工作要求。

⑥要具有前瞻性。

应综合考虑当前仓储业务的需要和公司未来的发展,尽量减少将来仓库扩建对正常业务造成的影响。

（2）仓库作业区布局。仓库作业区在布局时应以主要库房为中心对各作业区加以合理布局，力求作业路线最短，尽量缩短库房内货物运输距离并减小道路占用面积，以降低作业费用并有效提高仓库面积利用率。仓库作业区在布局时应考虑以下因素。

①货物吞吐量。对于吞吐量较大的库房和货场，应使它们尽可能靠近铁路专用线或库内运输干线，以缩短搬运和运输距离。

②机械设备的使用特点。必须从合理使用机械设备的角度出发，确定库房、货场在作业区内及与铁路专用线的相对位置。

③库内道路。尽可能减少运输作业的混杂、交叉和迂回，最大限度地减小道路的占地面积，并相应扩大储存面积。

④仓库业务及其作业流程。必须按照各个作业环节之间的内在联系对作业场地进行合理布置，使作业环节之间紧密衔接。

（3）库房内部布局。库房内部布局的主要目的是提高库房内作业的灵活性及有效利用库房的内部空间。库房内部布局在保证货物储存需要的前提下，充分考虑库房内作业的合理组织，协调储存和作业的不同需要，合理地利用库房空间。

按照库房作业的主要内容来分类，可将库房分为储备型和流通型两大类。储备型库房以货物保管作业为主，其内部布局的突出特点是强调提高储存面积占库房总面积的比例；流通型库房以货物收发作业为主，其内部布局的特点是充分考虑提高作业效率，缩小储存区，增加检货及出库准备区。

【做中学　学中做】

一、多项选择题

1. 仓库合理布局需满足的要求有（　　）。

A. 提高仓库产出率

B. 获得最低仓库成本费用

C. 仓库位置应便于货物的入库、装卸和提取，提高仓库内存储物资流动速度，库内区域划分明确、布局合理

D. 集装箱货物仓库和零担仓库尽可能分开设置

E. 有利于提高装卸机械的装卸效率，满足装卸工艺和设备的作业要求

2. 影响仓库布局的因素很多，主要有（　　）。

A. 工农业生产布局　　　　　　　　B. 货物需求量的分布

C. 经济区域条件　　　　　　　　　D. 交通运输条件

E. 其他相关因素

3. 仓库布局的原则是（　　）。

A. 提高资产利用率　B. 紧凑些　　C. 实现批量操作　D. 加强拣货区管理

4. 仓库布局的目标是（　　）。

A. 保护目标　　B. 效率目标　　C. 越大越好　　D. 适度机械化

5. 仓库作业区在布局时应考虑因素包括（　　）。

A. 货物吞吐量　　　　　　　B. 机械设备的使用特点

C. 库内道路　　　　　　　　D. 仓库业务

E. 仓库作业流程

二、判断题

1. 方便仓库作业、商品储存安全及最大限度地利用仓库面积是仓库作业区进行布局时应考虑的因素。（　　）

2. 要想提高仓库运作效率就需保持货物在出入库时尽量单向和直线运动，避免逆向操作和大幅度变向的低效率运作。（　　）

3. 在仓库中，如果所有货物都必须频繁移动，那么批量储存就能使货物快速移动，也能减少库位不足的矛盾。（　　）

【素养提升】

一丝不苟、扎实严谨、严于律己、兢兢业业
【喜迎二十大·劳模展风采】王爱红：严谨工作　提升自我价值

王爱红是福建博瑞特金属容器有限公司人力资源部经理，自2002年年初入职以来，18年间多次获得公司"优秀员工"称号，先后担任高级文员、行政主任、证券事务部副经理、人力资源部经理等职务。在不同的岗位上，她始终保持着认真、细致、严谨、负责的工作态度，赢得了领导及同事的认可与赞许。

细节出精品是她工作的理念，认真细心是她工作的具体体现。"事情交给爱红做，我就放心"，这是许多领导真实的话语，也是对她最大的褒奖。一直以来，在会议、接待、车辆管理、住宿安排、部门协调等日常工作中，她始终注重每个细节，力争完美，获得领导、客户由衷的称赞。

积极主动、任劳任怨是她工作的最大特点。她在工作中不仅能积极主动配合领导，更

能帮助解决其他同事遇到的困难,而且在工作中如遇紧急任务或突发事件时,只要公司需要,她总是招之即来、从无怨言,同时,她不计个人得失,保证工作能保质保量按时完成。王爱红始终保持严谨工作的态度,员工需要帮助时责无旁贷,全力以赴。她不断地提升自我,为公司贡献着自己的一份力量。工作期间先后获得过"莆田市三八红旗手""莆田市五一巾帼标兵""组织工作优秀个人""优秀工会工作者"等荣誉称号,2020年被评为莆田市劳动模范。

(资料来源:https://www.toutiao.com/article/7113958832132489735/?channel=&source=search_tab)

思考:在仓储选址与布局中我们需要具备怎样的严谨的工作态度及职业责任感?

【思考与练习】

在仓库内部应如何进行布局?

任务四　成果汇报与考核评价

【任务目标】

1. 进行成果汇报,掌握成果汇报展示的方法并进行训练;
2. 评价各组的工作情况;
3. 评价过程中具有严谨细致的职业责任感。

【实施条件】

虚拟仿真实训室,具备连接互联网的计算机。

【实施过程】

环节	操作及说明	注意事项及要求
环节一	以小组为单位交流汇报调研成果，组与组之间提出问题、交流问题，师生互动，要求PPT展示，每组限定时间。汇报要点如下： （1）仓库的分类。 （2）仓库的选址原则。 （3）仓库的选址步骤及方法。 （4）仓库的布局	汇报过程中小组之间注意发现问题，并及时提出问题，之后大家共同讨论解决问题
环节二	学生自评、互评，小组组长点评各个组员的工作成效	
环节三	指导教师给各组评分，并进行有针对性的点评，汇总各组成果。引导学生总结仓库的选址与合理布局，树立学生作业过程中节约费用和降低成本的意识，增加实际工作体验，增强社会责任感，引导学生增强仓储职业责任感与认同感	
环节四	考核评价	
环节五	反思与改进	

【课堂笔记】

【考核评价】

知识巩固与技能提高（40分）		得分：
计分标准： 得分＝1×单选题正确个数＋2×多选题正确个数＋1×判断题正确个数		
学生自评（20分）		得分：
计分标准：初始分＝2×A的个数＋1×B的个数＋0×C的个数 　　　　　得分＝初始分/26×20		
专业能力	评价指标	自测结果	要求 （A 掌握；B 基本掌握； C 未掌握）
---	---	---	---
知识目标	1. 理解仓库的概念及分类； 2. 熟悉仓库的功能； 3. 理解仓库选址的重要性； 4. 熟悉仓库选址的原则及影响选址的因素； 5. 掌握仓库合理布局需满足的要求及原则	A□　B□　C□ A□　B□　C□ A□　B□　C□ A□　B□　C□ A□　B□　C□	能够理解仓库的概念及功能，掌握仓库选址的原则及影响因素，掌握仓库合理布局需要满足的需求及原则
能力目标	1. 能够进行简单的库房规划； 2. 掌握仓库选址的步骤和方法； 3. 能够对仓库的布局进行合理规划	A□　B□　C□ A□　B□　C□ A□　B□　C□	能够掌握库房的规划方法，掌握仓库选址的步骤及方法，并能够依据所学知识对仓库进行合理布局
素质目标	1. 使学生增强仓储职业责任感与认同感； 2. 增加实际工作体验，增强社会责任感； 3. 树立作业过程中节约费用和降低成本的意识	A□　B□　C□ A□　B□　C□ A□　B□　C□	仓储职业素养、社会责任感及爱岗敬业，形成适度降低仓储成本的观念

小组评价（20分）		得分：
计分标准：得分＝10×A的个数＋5×B的个数＋3×C的个数		

续表

团队合作	A□ B□ C□	沟通能力	A□ B□ C□
教师评价（20分）			得分：
教师评语			
总成绩		教师签字	

项目三

仓储设备业务

项目介绍

仓储设备是指能够满足储藏和保管物品需要的技术装置与机具,它是仓储与物流技术水平高低的主要标志,也反映了现代仓储与物流技术的发展水平。本项目主要介绍货架、装卸设备和集装单元化设备,使学生对仓库设备由初步认识到理解,了解仓储岗位工作职责及设施设备的基本操作方法,并积极总结现实中存在的问题,以问题为导向,强化日后专业学习。

知识目标

- 熟悉各类货架的结构特点及分类;
- 认识常见装卸设备及其使用特点;
- 掌握集装单元化设备的种类及特点。

能力目标

- 辨析各种装卸设备的适用;
- 能够为特定操作方法选择合适的设施设备;
- 能够为指定货物选择合适的集装单元化设备;
- 培养学生选择合理存储方式、提高仓库利用率的能力。

素质目标

- 培养学生远大理想,树立学生"四个自信";
- 增强学生科技报国的责任担当。

工作情景导入

自动化立体仓库助力企业降本增效

自动化立体仓库是物流仓储的新概念，利用立体仓库设备可实现库房空间均衡生产，存取自动化，操作简便化；自动化立体仓库是目前技术创新能力较高的形式（图3-1）。

图3-1 自动化立体仓库

仓储货架的使用让一些装配制造企业的仓库空间利用率越来越高，普通的仓储货架逐渐不能满足一些企业的多样化需求，同时随着科技和仓储物流行业的发展，自动化立体仓库越来越成熟，越来越多的企业为了降本增效，选择自动化立体仓库。

自动化立体仓库的主体由货架、巷道堆垛起重机、入（出）库工作台和自动运进（出）机及操作控制系统组成。货架是钢结构或钢筋混凝土结构的建筑物或结构体，货架内是标准尺寸的货位空间，巷道堆垛起重机穿行于货架之间的巷道中，完成存货、取货的工作；管理上采用仓储控制系统（WCS）进行控制。

一般来说，自动化立体仓库包括入库暂存区、检验区、码垛区、储存区、出库暂存区、托盘暂存区、不合格品暂存区及杂物区等。规划时，立体仓库内不一定要把上述的每个区都规划出来，可根据工艺特点及要求来合理划分各区域和增减区域。同时，还要合理考虑物料的流程，使物料的流动畅通无阻，提高自动化立体仓库的能力和效率。

传统意义上仓储就是货品存储的场合，存放货品是其真正的功能，是某种"静态存储"。智能化、自动化仓库采用先进的智能化物料搬运设备，不仅能使货品在仓储内按需要自动存取，而且可以与仓储以外的生产制造环节开展有机的连接，并通过计算机管理系统和智能化物料搬运设备使仓储成为企业主生产制造物流中的一个关键环节。企业主外购件和自制生产制造件进入自动化仓库存储是整个生产制造的另一个环节，短时间存储是为了在指定的时间自动输出到下一道工艺流程开展生产制造，从而形成另一个智能化的物流系统，这是某种"动态存储"，也是自动化仓库发展的另一个非常明显的技术设备趋势。

智能化是仓库管理未来发展的新趋势，智能化、自动化仓库的作业高效率及智能化的技术水平能够随着企业物流高效率明显提高，立体库的基本技术也日益成熟，现在很多的大型企业开始使用智能化、自动化仓库，大型企业能够依据具体情况建设规划大中型的立体库，也能够依据需要建设规划中小型智能化立体库。

奕优科技是一家集软件研发、电子集成、机械制造于一身的高科技综合性公司，凭借近 20 年研发、生产、营销的经验，研发了微仓智能存取系统——强大的物料智能管理终端设备，确保了可靠性、可控性和准确性，多年来致力于全球工业智能自动化解决方案。至今已开发了 X 系列、D 系列、EV 系列等不同型号的智能化无人微仓，拥有多个海内外专利，客户遍及中国、欧美、日本等国家及地区。

奕优科技为世界 500 强企业，为世界各地的其他制造和零售企业提供超过数十万套物料管理解决方案。微仓智能存取系统降低了库存成本，提高了工作人员的生产效率，使采购过程自动化，微仓的各种创新 MRO 智能存取系统可以在很短的周期内带来很高的投入产出比。

（资料来源：https：//www.toutiao.com/article/7169796784724689442/？channel=&source=news）

通过上述资料，请思考自动化立体仓库相比于传统仓库的设施设备具有哪些优势？

任务一 货架认知业务

【任务目标】

1. 根据货物的类型及仓库空间选择货架；
2. 掌握货架的功能及分类；
3. 培养学生选择合理存储方式、提高仓库利用率的能力。

【实施条件】

虚拟仿真实训室，具备连接互联网的计算机。

【实施过程】

环节	操作及说明	注意事项及要求
环节一	通过学习通平台进行微课学习；阅读相关知识；了解并熟悉货架的种类及各自功能特点。具体内容如下： （1）教师发布任务，学生学习微课视频，做课前测试题，并以小组为单位试做任务。 （2）利用课程平台发布任务。 （3）小组试做，根据不同商品的属性来确定它们适用的货架及货位。 （4）小组讨论按照既定货物选择相应货架及货位的理由	（1）以实训基地的设备设施为主。

续表

环节	操作及说明	注意事项及要求
环节二	小组展示，教师引导	（2）活动以学生分组的形式进行，小组成员注意分工协作，各司其职，按时完成任务
环节三	（1）根据学生试做情况，发现学生知识的薄弱之处，明确任务重点。 （2）教师引导各小组修改优化货架及货位选择方案。 （3）通过教师引导学习，突破教学重难点	

【知识链接】

请扫码阅读知识链接。

仓储货架立体库 3d 动画展示

【知识内化】

提起货架大家可能都已很熟悉，从中药店里的药柜到现代商场店铺里所使用的各种货架，或大型立体仓库里的钢筋或更为先进的材质所制成的货架，都是人们耳熟能详的，但是再深一层地从专业的角度来讲货架，可能就没有多少人了解了。

货架是现代化仓库提高效率的重要工具，货架存储不仅方便、快捷，而且还可以提高仓库存储效率。随着电商、物流的飞跃发展，对货架的需求也越来越高。目前，企业仓储库房所用到的货架种类愈发趋向于专业化、自动化、智能化。

1. 货架的功能

（1）用钢材或钢筋混凝土制成的架子，可通过提升货架高度来扩大仓库的储存能力。

（2）货架上的货物相互不接触、不挤压，减少货损。

（3）货物存取方便，采用计算机管理易实现先进先出。

（4）可采用防潮、防尘、防盗、防破坏等措施来提高货物储存质量。

（5）很多新型货架的结构及功能有利于实现仓库的机械化及自动化管理。

2. 货架的分类

对于仓储的规划，首先是对货架进行分类，了解各空间的使用方向，接着评估其在各方面的权重取舍，评估有了权重的比较后再进行设计布置。倘若保管空间已受限而无法进行规划、设计、变更，则要寻求以何种方法来把现成的保管空间的利用率发挥到极限。这就对货架提出了更高的要求。现代化仓库的出现，带动着货架的发展。

（1）按发展分类可分为传统货架和新型货架。

①传统货架包括层架、层格式货架、抽屉式货架（图3-2）、橱柜式货架、悬臂架、鞍架（图3-3）、栅架（图3-4）、气罐钢筒架、轮胎专用货架等。

图3-2 抽屉式货架

图3-3 鞍架

图3-4 栅架

②新型货架包括旋转式货架、移动式货架、穿梭车货架、装配式货架、调节式货架、托盘货架、进车式货架、高层货架、阁楼式货架、重力式货架、屏挂式货架等。

（2）按存取方式分类可分为人工存取和机械存取。人工存取即采用人力存取货物的方式，一般隔板式货架、层板式货架均采用此存取方式；而机械存取则指使用叉车、穿梭车等机械进行存取，如横梁式货架、驶入式货架、穿梭式货架等采用机械存取方式。

（3）按货架的适用性可分为通用货架和专用货架。

（4）按货架的封闭程度可分为敞开式货架、半封闭式货架、封闭式货架等。

（5）按货架结构特点可分为层架、层格架、橱架、抽屉架、悬臂架、三脚架、栅架等。

（6）按货架的可动性可分为固定式货架、移动式货架、旋转式货架、组合货架、可调式货架、流动储存货架等。

（7）按货架的制造材料可分为钢货架、钢筋混凝土货架、木制货架、钢木合制货架等。

（8）按货架的载货方式可分为悬臂式货架、橱柜式货架、棚板式货架。

（9）按货架高度可分为低层货架，高度在5 m以下；中层货架，高度为5~15 m；高层货架，高度在15 m以上。

（10）按货架质量可分为重型货架，每层货架载重量在500 kg以上；中型货架，每层货架载重量150~500 kg；轻型货架，每层货架载重量在150 kg以下。

3. 常用货架的结构和特点

在现代化的仓库中，常用的货架结构形式有贯通式货架、托盘式货架、重力式货架、阁楼式货架、悬臂式货架、横梁式货架、流利式货架等。

（1）贯通式货架（图3-5）。贯通式货架又称通廊式货架或驶入式货架（图3-6）。贯通式货架可供叉车驶入通道存取货物，适用于品种少、批量大类型的货物储存。贯通式货架除了靠近通道的货位，由于叉车需要进入货架内部存取货物，通常单面取货建议不超过7个货位深度。为提高叉车运行速度，可根据实际需要选择配置导向轨道，与货位式货架相比，这种模具架结构形式可使叉车作业通道和货品存储空间共用，大大提高了仓库的空间、场地面积利用率，但同一作业通道内的货品不能做到先进先出，适合大批量、少品种或作业通道内的货品一起流向同一客户的货品存储，如饮料、乳制品、烟草、低温冷冻仓储、标准规格的家电、化工、制衣等行业。

贯通式货架的特点如下。

①货物存储通道也称叉车储运通道，是存储密度较高的一种货架形式。

②通常被用于品种较少但批量大，且对货物拣选要求不高的货物存储。

③以普通叉车的提升高度，通廊式货架层数为三层货物的常规方案计算，仓库的有效存储容量可增加100%以上，投资成本得到控制，效益显著提升。从全局存储成本计算，一般在三年内所增加的存储容量效益即可抵消投资成本。

④货物遵循先进后出原则，适用于大多数搬运机械储运作业。

图3-5　贯通式货架　　　　　图3-6　驶入式货架

（2）托盘式货架（图3-7）。托盘式货架俗称横梁式货架，或称货位式货架，通常为重型货架，在国内的各种仓储货架系统中最为常见。其既适用于多品种、小批量物品，又适用于少品种、大批量物品。此类货架在高位仓库和超高位仓库中应用最多。

托盘式货架的特点如下。

①货架跨度大，承载高。托盘式货架的跨度（长度）主要由托盘大小决定，一般一层货架可放置常规托盘两个。

②货架结构稳定。托盘式货架底脚必须安装膨胀螺钉,以保证托盘式货架的稳定性。

③货架无须层板。一般来说,只需要在横梁上安装跨梁即可,每个托盘位一般安装两根跨梁。这样可以最大限度节约成本。

④货架层数自定。层数可根据仓库的房高、每托盘货位的高度等条件来确定。底层可不使用横梁,托盘直接放置于地面。

⑤托盘式货架利用率高,存取灵活方便,辅以计算机管理或控制,托盘式货架基本能满足现代化物流系统的要求。

(3) 重力式货架(图3-8)。重力式货架又称自重力货架,属于重型货架,是由托盘式货架演变而来的。重力式货架结构上是在横梁上安装滚筒式轨道,轨道呈3°~5°倾斜,托盘货物用叉车搬运至货架进货口,利用自重,托盘从进口自动滑行至另一端的取货口,采用的是先进先出的存储方式,货架深度及层数可按需而定,空间利用率极高,适用于少品种、大批量同类货物的存储。

重力式货架的特点如下。

①货物由高的一端存入,滑至低端,从低端取出。货物在滑动过程中,滑道上设置有阻尼器,控制货物滑行速度保持在安全范围内。

②货物遵循先进先出顺序,货架具有柔性配合功能且存储密度高。

③适用于以托盘为载体的存储作业,货物堆栈整齐,为大件重物的存储提供了较好的解决方案,仓储空间利用率在75%以上,而且只需要一个进出货通道。

④重力式货架非常环保,全部采用无动力形式,无能耗,噪声低,安全可靠,可满负荷运作。

图3-7 托盘式货架

图3-8 重力式货架

(4) 阁楼式货架(图3-9)。阁楼式货架通常是利用中型搁板式货架或重型搁板式货架作为主体支撑,加上楼板,楼板通常选用冷轧型钢楼板、花纹钢楼板或钢格栅楼板,可做二层、三层阁楼,以增加存储空间,宜存取一些轻泡及中小件货物,适用于多品种、大批量或多品种、小批量货物。存取货物时通常由叉车、液压升降台或货梯送至二楼、三楼,再由轻型小车或液压托盘车送至某一位置。

阁楼式货架的特点如下。

①可以提升货架高度，更好地利用仓储空间。

②货架楼面铺设的专用钢楼板具有承载能力强、整体性好、承载均匀、表面平整、易锁定商品等。

③货架充分考虑人性化物流，设计美观、结构大方，安装、拆卸方便，可根据实地灵活设计。

④阁楼式货架适合存储多种类型物品。

（5）悬臂式货架（图3-10）。悬臂式货架是货架中重要的一种，其悬臂采用方管，可以是单面或双面，货架立柱多采用H型钢或冷轧型钢，悬臂与立柱间采用插接式或螺栓连接式，底座与立柱间采用螺栓连接式。加入搁板后，特别适用于空间小、高度低的库房，其管理方便，视野宽阔，利用率比普通货架更高。

悬臂式货架的特点如下。

①悬臂式货架有单臂和双臂之分，高效存储木料、管材、长条物等类似产品，所以，多用于机械制造行业和建材超市等。悬臂式货架可由单个立柱片单元配以悬臂通过水平拉杆、斜拉杆等连续组成多个单元系统。

②货架在质量、安全性和管理方面是行之有效的存储系统。立柱片由立柱和底座构成，立柱由两片特殊设计的C型钢对焊而成，这种结构充分利用材料的抗载容量，有着承载能力大、造价低的特点。

③悬臂式货架的高度通常在2 m以内，如由叉车存取货物，可高达6 m，悬臂长度在1.5 m以内，每臂载重量通常在800 kg以内。

④悬臂式货架结构稳定、载重能力好、空间利用率高等。

图3-9 阁楼式货架

图3-10 悬臂式货架

（6）横梁式货架（图3-11）。横梁式货架是以存取托盘货物为目的的专业仓库货架（每个托盘为一个货位，因此又被称为货位式货架）。横梁式货架由柱片（立柱）、横梁组成。

横梁式货架的特点如下。

①横梁式货架结构简单、安全可靠,可任意调整组合,出入库不受物品先后顺序的限制。其广泛应用于以托盘存储、叉车存取的仓储模式。

②横梁式货架可随着立柱、横梁规格的大小决定层载要求,具有惯性巨大、承载能力强、抗冲击性能强等特点。

③横梁式货架可有效地提高仓库存储高度,提高仓库的空间使用率,适合各类型货品存放。

④货架外形更安全,为防止叉车碰撞还可以增加立柱护脚、防撞杆等。

⑤横梁式货架造价低,安装和操作都很方便,查找货位容易,适用于任何搬运工具,因而是最广泛应用的一种货架。

(7)流利式货架(图3-12)。流利式货架又称滑移式货架,采用辊轮铝合金、钣金等流利条,利用货物台架的自重,从一边通道存货,另一边通道取货,实现先进先出,存储方便,以及一次补货、多次取货。流利式货架存储效率高,适合大量货物的短期存放和拣选。可配电子标签,实现货物的轻松管理,常用的滑动容器有周转箱、零件盒及纸箱,适合大量货物短期存放和拣选。广泛应用于配送中心、装配车间及出货频率较高的仓库。

流利式货架的特点如下。

①采用滚轮式铝合金等流利条,利用货物自重实现货物先进先出。

②存取方便,适合装配线两侧、配送中心等场所。

③适用于大批量、同类货物的存储,空间利用率较高,尤其适合汽配工厂使用。

④可配以电子标签,实现货物的信息化管理。

图3-11 横梁式货架

图3-12 流利式货架

【做中学　学中做】

一、单项选择题

1. （　　）除了靠近通道的货位，由于叉车需要进入货架内部存取货物，通常单面取货建议不超过 7 个货位深度。

　　A. 贯通式货架　　B. 托盘式货架　　C. 重力式货架　　D. 阁楼式货架

2. （　　）或称货位式货架，通常为重型货架，在国内的各种仓储货架系统中最为常见。既适用于多品种小批量物品，又适用于少品种大批量物品。

　　A. 贯通式货架　　B. 托盘式货架　　C. 重力式货架　　D. 阁楼式货架

3. （　　）结构上是在横梁上按上滚筒式轨道，轨道呈 3°～5°倾斜，托盘货物用叉车搬运至货架进货口，利用自重，托盘从进口自动滑行至另一端的取货口，采用的是先进先出的存储方式，货架深度及层数可按需而定，空间利用率极高，适用于少品种大批量同类货物的存储。

　　A. 贯通式货架　　B. 托盘式货架　　C. 重力式货架　　D. 阁楼式货架

4. （　　）通常是利用中型搁板式货架或重型搁板式货架作为主体支撑加上楼面板，楼面板通常选用冷轧型钢楼板、花纹钢楼板或钢格栅楼板，可做二、三层阁楼，以增加存储空间，宜存取一些轻泡及中小件货物，适于多品种大批量或多品种小批量货物。

　　A. 贯通式货架　　B. 托盘式货架　　C. 重力式货架　　D. 阁楼式货架

5. （　　）是货架中重要的一种，其悬臂采用方管，可以是单面或双面，货架立柱多采用 H 型钢或冷轧型钢，悬臂与立柱间采用插接式或螺栓连接式，底座与立柱间采用螺栓连接式。

　　A. 贯通式货架　　　　　　　　　　B. 悬臂式货架

　　C. 重力式货架　　　　　　　　　　D. 阁楼式货架悬臂式货架

二、多项选择题

1. 货架的作用功能为（　　）。

A. 用钢材或钢筋混凝土制成的架子，可通过提升货架高度来扩大仓库的储存能力。

B. 货架上的货物相互不接触、不挤压，减少货损。

C. 货物存取方便，采用计算机管理易实现先进先出。

D. 可采用防潮、防尘、防盗、防破坏等措施来提高货物储存质量。

E. 很多新型货架的结构及功能有利于实现仓库的机械化及自动化管理。

2. 传统式货架包括（　　）。

　　A. 层架、层格式货架　　　　　　　B. 抽屉式货架

　　C. 橱柜式货架　　　　　　　　　　D. 移动式货架

　　E. 气罐钢筒架、轮胎专用货架等

3. 新型货架包括（　　）。

A. 旋转式货架　　B. 橱柜式货架　　C. 穿梭车货架　　D. 装配式货架

E. 托盘货架

4. 流利式货架结构特点有（　　）。

A. 采用滚轮式铝合金等流力条，利用货物自重实现货物先进先出

B. 存取方便，适合于装配线两侧，配送中心等场所

C. 适用于大批量同类货物的存储，空间利用率较高，尤其适合汽配工厂使用

D. 可配以电子标签，实现货物的信息化管理

【思考与练习】

在仓库中各种货架的作用及功能如何？

任务二　装卸设备业务

【任务目标】

1. 根据仓库的主要设备及特点选择能满足经营活动需求的设施设备；
2. 掌握各种装卸设备的特点及用途；
3. 培养学生协调、规范管理的能力。

【实施条件】

虚拟仿真实训室，具备连接互联网的计算机。

【实施过程】

环节	操作及说明	注意事项及要求
环节一	通过学习通平台进行微课学习；阅读相关知识；了解并掌握各种常见装卸设备的特点及用途。具体内容如下： （1）教师发布任务，学生学习微课视频，做课前测试题，并以小组为单位试做任务。 （2）利用课程平台发布任务。 （3）小组试做，根据不同商品的属性来确定它们适用的装卸设备。 （4）小组讨论按照既定货物选择某种装卸设备的理由	（1）以实训基地的设备设施为主。 （2）活动以学生分组的形式进行，小组成员注意分工协作，各司其职，按时完成任务
环节二	小组展示，教师引导	
环节三	（1）根据学生试做情况，发现学生知识的薄弱之处，明确任务难点。 （2）教师引导各小组修改装卸设备选择方案。 （3）通过教师引导学习，突破教学重难点	

【知识链接】

请扫码阅读知识链接。

仓储设备分类

使用叉车在横梁式货架上存取货

【知识内化】

装卸设备是指用来搬移、升降、装卸和短距离输送物料或货物的机械设备。装卸设备是实现装卸搬运作业机械化的基础，是物流设备中重要的机械设备。它不仅可用于完成船舶与车辆货物的装卸，而且还可用于完成库场货物的堆码、拆垛、运输，以及舱内、车内、库内货物的起重输送和搬运。装卸设备种类较多，具体可按下列方式分类。

1. 按作业性质分类

按装卸及搬运两种作业性质不同可分为装卸机械、搬运机械及装卸搬运机械三类。

（1）装卸机械。在这个领域中，只具有装卸或搬运单一作业功能的机械有很大优点，即机械结构较简单，多余功能较少，专业化作业能力强，因而作业效率高，作业成本较低；但使用上受局限。单一装卸功能的机械种类不多，手拉葫芦（图3-13）最为典型，固定式起重机如卡车起重机、悬臂起重机等虽然也有一定的移动半径，也有一些搬运效果，但基本上还是被看作单一功能的装卸机械。

（2）搬运机械。单一搬运功能的机械种类较多，如各种搬运车、手推车、斗式输送机、刮板式输送机（图3-14）等。

图3-13 手拉葫芦

图3-14 刮板式输送机

（3）装卸搬运机械。在物流领域很注重装卸、搬运两种功能兼具的机械，这种机械可以将两种作业操作合二为一，因而有较好的系统效果。这类机械最主要的是叉车、港口中用的跨运车（图3-15）、车站用的龙门起重机（图3-16）及气力装卸输送设备等。

图3-15 港口用跨运车

图3-16 龙门起重机

2. 按有无动力分类

按机械本身有无动力可分为动力式装卸搬运机械和非动力式装卸搬运机械两类。

（1）动力式装卸搬运机械。动力式装卸搬运机械是配有动力装置的，按驱动方式不同又可分为内燃式、电动式两种。大多数装卸搬运机械都属于此类。

（2）非动力式装卸搬运机械。非动力式装卸搬运机械多是用人力操作作业，主要是小型机械和手动叉车、手车、手推车、手动升降平台等。

3. 按工作原理分类

按装卸搬运机械的工作原理可将其分为叉车类、起重机类、输送机类、作业车类和管道输送设备类。

（1）叉车类，包括各种通用和专用叉车。

（2）起重机类，包括门式、桥式、履带式、汽车式、岸壁式、巷道式（图3-17）等各种起重机。

（3）输送机类，包括辊式（图3-18）、轮式、皮带式、链式、悬挂式等各种输送机。

（4）作业车类，包括手车、手推车、搬运车、无人搬运车、台车等各种作业车辆。

（5）管道输送设备类，包括液体、粉体的装卸搬运一体化的以泵、管道为主体的一类设备。

图3-17 巷道式起重机

图3-18 辊式输送机

【做中学　学中做】

一、单项选择题

1. 各种搬运车、手推车、斗式输送机、刮板式输送机属于（　　）。

　　A. 单一搬运功能的机械　　　　　　B. 装卸搬运机械

　　C. 动力式装卸搬运机械

2. （　　）是配有动力装置的，按照驱动方式不同又分为内燃式、电动式两种，大多数装卸搬运机具都属于此类。

　　A. 动力式装卸搬运机械　　　　　　B. 非动力式装卸搬运机械

3. （　　）是用人力操作作业，主要是小型机具、手动叉车、手推车、手动升降平台等。

A. 装卸机械　　　　　　　　B. 搬运机械

C. 动力式装卸搬运机械　　　D. 非动力式装卸搬运机械

4. 具有单一装卸功能的机械，最典型的是（　　）。

A. 手车　　　B. 手推车　　　C. 手拉葫芦　　　D. 手动叉车

二、多项选择题

1. 装卸设备按装卸及搬运两种作业性质不同可分成（　　）。

A. 装卸机械　　　B. 搬运机械　　　C. 装卸搬运机械

2. 属于装卸搬运机械的有（　　）。

A. 叉车类　　　B. 吊车类　　　C. 输送机类　　　D. 作业车类

E. 管道输送设备类

3. 装卸搬运机械属于作业车类的有（　　）。

A. 专用叉车　　　B. 台车　　　C. 手推车　　　D. 起重机

【素养提升】

创新争先、自立自强、激励奋战、科技强国

【学思践悟二十大·劳模工匠说】全国劳动模范孔利明：创新路上永不懈怠

中国共产党第二十次全国代表大会，是在全党全国各族人民迈上全面建设社会主义现代化国家新征程、向第二个百年奋斗目标进军的关键时刻召开的一次十分重要的大会，是一次高举旗帜、凝聚力量、团结奋进的大会。

大会围绕自信自强、守正创新、踔厉奋发、勇毅前行展开，这也是我一直追求并践行的真理。当年，国人对国产货没信心，技术都被"洋专家"垄断。我不服气，一边恶补理论知识，大量查资料，一边结合资料对进口蓄电池及国产蓄电池做对比试验，放电装置、充电装置，各种不同的充电手段都用上了，终于探索出一整套进口车辆与国产蓄电池兼容使用的方案。我的方案推广第一年就为宝钢节省外汇15万美元。进口设备与技术并不是高不可攀，关键是要学习掌握它、改变发展它，不断创新，才能破解"卡脖子"难题。

党的二十大还强调，要实施科教兴国战略，强化现代化建设人才支撑。21世纪初，我带领团队攻关"带式运输机金属物过滤门禁技术"，10年中失败了15次，修改了38次，

> 我咬牙坚持到底，结果38次修改项，成了38个国家专利。这项技术达到世界先进水平，囊括数个中外大奖。现在想来，这些不仅仅是我一个人的功劳，主要还是多亏了我们国家的政策和党的培养，能够让我们这些工人学习科学文化知识，有机会为社会主义建设添砖加瓦。如今，我已经退休，但是我并没有停下来，还要继续学习技术、不断创新，多做出一些新发明。
>
> 身为全国劳动模范，我更要发扬敬业爱岗、创新创造的奋斗精神，以习近平总书记强调的"我们必须坚持解放思想、实事求是、与时俱进、求真务实，一切从实际出发"为基准，响应党和政府的号召，践行党的二十大精神，奋发图强，艰苦创业，充分运用自己的智慧，自力更生开展技术革新，为建设社会主义现代化国家添砖加瓦。
>
> （资料来源：http://www.shbsq.gov.cn/shbs/bsdt/20221214/353933.html）
>
> 思考：在仓储工作中如何树立远大理想？增强科技报国的责任担当？

【思考与练习】

谈一谈你所见过的装卸设备及其功能、用途等。

任务三 集装单元业务

【任务目标】

1. 了解并熟悉集装单元的分类及各自的装载特点；
2. 结合商品属性掌握各类集装单元的使用方法；
3. 引导学生养成科学、严谨的工作态度。

【实施条件】

虚拟仿真实训室,具备连接互联网的计算机。

【实施过程】

环节	操作及说明	注意事项及要求
环节一	通过学习通平台进行微课学习;阅读相关知识;掌握各类集装单元并能够根据货物属性对集装设备进行选择,掌握其使用方法。具体内容如下: (1)教师发布任务,学生学习微课视频,做课前测试题,并以小组为单位试做任务。 (2)利用课程平台发布任务。 (3)小组试做,根据不同商品的属性及集装单元的特点来选择合适的集装单元化设备。 (4)小组讨论针对特定商品所选择的集装单元化设备的理由	(1)以实训基地的设备设施为主。 (2)活动以学生分组的形式进行,小组成员注意分工协作,各司其职;按时完成任务
环节二	小组展示,教师引导	
环节三	(1)根据学生试做情况,发现学生知识的薄弱之处,明确任务难点。 (2)教师引导各小组修改优化分拣及补货方案。 (3)通过教师引导学习,突破教学重难点	

【知识链接】

请扫码阅读知识链接。

物流标准化与集装单元化

集装箱

托盘

国内首个机器人群组建的无人配送站

【知识内化】

集装单元化设备是指用集装单元化的形式进行储存、运输作业的物流装备。其主要包括集装箱、集装袋、托盘等。

1. 集装箱（图3-19）

集装箱是指具有一定强度、刚度和规格，专供周转使用的大型装货容器。使用集装箱转运货物，可直接在发货人的仓库装货，运输到收货人的仓库卸货，中途更换车船时，无须将货物从箱内取出换装。

集装箱最大的成功之处在于其产品的标准化及由此建立的一整套运输体系，能够让一个载重几十吨的庞然大物实现标准化，并且以此为基础逐步实现全球范围内的船舶、港口、航线、公路、中转站、桥梁、隧道、多式联运相配套的物流系统，这的确堪称人类有史以来创造的伟大奇迹之一。

集装箱种类很多，分类方法多种多样，常见的有以下几项。

（1）按货物种类划分为干货集装箱、散货集装箱、液体货集装箱、冷藏箱集装箱，以及一些特种专用集装箱，如汽车集装箱、牧畜集装箱、兽皮集装箱等。

（2）按箱体重量划分为30吨集装箱、20吨集装箱、10吨集装箱、5吨集装箱、2.5吨集装箱等。

（3）按箱体结构划分为固定式集装箱、折叠式集装箱、薄壳式集装箱三种。

（4）按集装箱的用途划分为冷冻集装箱、挂衣集装箱、开顶集装箱、框架集装箱、罐式集装箱、平台集装箱、通风集装箱、保温集装箱等。

（5）按箱体规格划分为20英尺[①]货柜（外尺寸为20英尺×8英尺×8英尺）和40英尺货柜（外尺寸为40英尺×8英尺×8英尺）。

图3-19　20英尺集装箱

---

① 1英尺=0.3048 m。

2. 集装袋（图3-20）

集装袋又称吨装袋、太空袋等，是集装单元化器具的一种，配以起重机或叉车，就可以实现集装单元化运输，它适用于装运大宗散状、粉粒状物料。集装袋是一种柔性运输包装容器，其主要特点是柔软、可折叠、自重轻、密闭隔绝性强。它的使用领域很广，主要用于水泥、粮食、石灰、化肥、树脂类等易变质且易受污染并污染其他的物品的粉粒状物的装运。在液体物品方面，适用于装运液体肥料、表面活性剂、动植物油、醋等。

3. 托盘

《物流术语》（GB/T 18354—2021）对托盘（pallet）的定义是：在运输、搬运和存储过程中，将物品规整为货物单元时，作为承载面并包括承载面上辅助结构件的装置。托盘又名栈板、夹板，作为与集装箱类似的一种集装设备，托盘现已广泛应用于生产、运输、仓储和流通等领域，被认为是20世纪物流产业中两大关键性创新之一。

托盘作为物流运作过程中重要的装卸、储存和运输设备，与叉车配套使用在现代物流中发挥着巨大的作用。托盘给现代物流业带来的效益主要体现在：可以实现物品包装的单元化、规范化和标准化，保护物品，方便物流和商流。

托盘按作用至少分为两种：一种为日常口语中的托盘，端饭菜时放置碗盏的盘子；另一种是物流使用的托盘。物流上的托盘按材质、用途、台面、叉车的插入方式和结构区分，有多种类型，如钢质托盘、木托盘（图3-21）、塑料托盘和硬纸托盘、胶合板免熏蒸托盘、四向托盘、双面托盘、欧标托盘、方墩托盘、单面胶合板托盘、双面胶合板托盘等。另外，还有各种专用托盘，如平板玻璃集装托盘、轮胎专用托盘、长尺寸物托盘和油桶专用托盘等。

图3-20 集装袋

图3-21 木托盘

在一些要求快速作业的场合，因为托盘作业效率高、安全稳定，所以托盘的使用率越来越高。

【做中学　学中做】

一、单项选择题

1. （　　）适用于装运大宗散状、粉粒状物料。

   A. 集装箱　　　　B. 集装袋　　　　C. 托盘

2. （　　）是物流运作中的可装卸、储存和运输的设备，且与叉车配套使用。

   A. 集装箱　　　　B. 集装袋　　　　C. 托盘

3. （　　）是具有一定强度、刚度和规格，专供周转使用的大型装货容器。

   A. 集装箱　　　　B. 集装袋　　　　C. 托盘　　　　D. 固定式集装箱

二、多项选择题

1. 常见的集装单元化设备包括（　　）。

   A. 集装箱　　　　B. 集装袋　　　　C. 托盘

2. 属于按货物种类对集装箱进行划分的有（　　）。

   A. 干货集装箱　　B. 散货集装箱　　C. 液体货集装箱　　D. 冷藏箱集装箱

   E. 折叠集装箱

3. 属于按箱体结构对集装箱划分（　　）。

   A. 固定式集装箱　B. 折叠式集装箱　C. 液体货集装箱　　D. 冷藏箱集装箱

   E. 薄壳式集装箱

三、名词解释

1. 集装单元化设备

2. 托盘

【思考与练习】

集装单元化设备有哪些，各有什么用途？

任务四　成果汇报与考核评价

【任务目标】

1. 进行成果汇报，掌握成果汇报展示的方法并进行训练；
2. 评价各组的工作情况；
3. 评价过程中体现学生自学探究、严谨创新的工匠精神，增强其科技报国的责任担当。

【实施条件】

虚拟仿真实训室，具备连接互联网的计算机。

【实施过程】

环节	操作及说明	注意事项及要求
环节一	以小组为单位交流汇报调研成果，组与组之间提出问题、交流问题，师生互动，要求 PPT 展示，每组限定时间。汇报要点如下： （1）货物入库后货架的选择。 （2）货物装卸及上架设备的选择。 （3）货物在储存及运输中的集装单元化设备的选择。 （4）虚拟仿真系统操作中出现的问题	汇报过程中小组之间注意发现问题，并及时提出问题，之后大家共同讨论解决问题
环节二	学生自评、互评，小组组长点评各个组员的工作成效	
环节三	指导教师给各组评分，并进行有针对性的点评，汇总各组成果。引导学生总结货物进出库中使用的先进技术、设备设施，培养学生的远大理想，树立学生"四个自信"，增强学生科技报国的责任担当	
环节四	考核评价	
环节五	反思与改进	

【课堂笔记】

【考核评价】

知识巩固与技能提高（40分）			得分：
计分标准： 得分 = 1×单选题正确个数 + 2×多选题正确个数 + 1×判断题正确个数			
学生自评（20分）			得分：
计分标准：初始分 = 2×A的个数 + 1×B的个数 + 0×C的个数　　　　　　　得分 = 初始分/26×20			
专业能力	评价指标	自测结果	要求 （A 掌握；B 基本掌握；C 未掌握）
知识目标	1. 认识各类货架的结构特点； 2. 熟悉各类货架的分类； 3. 掌握常见装卸设备的使用特点； 4. 掌握集装单元化设备的种类； 5. 掌握集装单元化设备的特点	A□　B□　C□ A□　B□　C□ A□　B□　C□ A□　B□　C□ A□　B□　C□	熟悉各类货架的特点和分类，并能够熟练使用，掌握集装单元化设备的种类和特点

续表

能力目标	1. 为特定操作方法选择合适的设施设备； 2. 为指定货物选择合适的集装单元化设备	A□　B□　C□ A□　B□　C□		正确选择设备设施，并能够根据货物属性和装运要求选择适合的集装单元
素质目标	1. 引导学生养成科学、严谨的工作态度； 2. 培养学生远大理想，树立学生"四个自信"； 3. 增强学生科技报国的责任担当	A□　B□　C□ A□　B□　C□ A□　B□　C□		具有科学严谨的职业精神；树立学生"四个自信"的职业自信及科技报国的责任担当
	小组评价（20分）			得分：
计分标准：得分 = 10 × A 的个数 + 5 × B 的个数 + 3 × C 的个数				
团队合作	A□　B□　C□	沟通能力		A□　B□　C□
	教师评价（20分）			得分：
教师评语				
总成绩		教师签字		

项目四

仓储作业

项目介绍

仓储作业是仓储的核心业务,也是学生就业仓管员、分拣员等岗位的基础业务。仓库类型、商品属性、存货方对货物仓储的要求都会影响具体的仓储作业,但对基本的商品分拣、入库、出库作业流程的掌握,能够使学生更容易适应岗位实践要求。

知识目标

- 熟悉货品入库的基本流程;
- 掌握仓储存储管理的原则及措施;
- 掌握分拣作业的方法;
- 掌握仓储补货的方式及时机;
- 掌握货品出库的基本要求和形式。

能力目标

- 能够编制货品入库计划并进行分析;
- 能够辨析不同形式的接运卸货工作及注意事项;
- 能够进行入库时的验收作业并做好入库信息处理;
- 能够掌握仓储分拣作业的策略;
- 能够熟悉货品出库的流程。

素质目标

- 引导学生养成科学、严谨的工作态度;
- 培养学生努力钻研的工匠精神,提升爱岗敬业的职业素养。

工作情景导入

川崎机器人向物流自动化"出入库壁垒"发起挑战

受新冠疫情持续影响，物流行业处理量剧增，促使以仓库为中心的自动化改革飞速发展。川崎（川崎重工有限公司）将机器人手臂的通用性与无轨道无人搬运车的机动性相结合，提出了面向自动仓库出库、入库工程等物流方面的自动化提案。

近年来，在电商市场扩大等因素背景下，物流行业劳动力不足问题日益严峻。物流行业的省人化、自动化迫在眉睫。说起物流的省人化、自动化，人们往往集中在运输、配送环节上。但是，从供应厂商到物流中心，再到终端客户这一系列运输过程中，面向仓库进行卸货、分拣、码垛的工序仍需要大量人工。川崎机器人为实现"仓库省人化、自动化"提供解决方案，致力于达成物流自动化目标。

1. 实现卸货工程自动化

在卸货入库（图4-1）的工序中，需要将卡车运输来的货物从集装箱上卸下来，然后进行转运。为什么这个工程至今没有实现自动化？川崎机器人认为，集装箱内的货物转运方式有很大变革空间。为了防止货物散落，集装箱内装满了形状、大小各异的各种纸箱。通过机器抓取纸箱并转运是十分困难的。因此，目前进入集装箱内部、将货品转运到传送带上、用叉车重新装载货品的工作仍由人工完成。

◆ 川崎机器人卸货工程解决方案：Vambo 卸货机器人

Vambo 是将机器人机械臂和自动导引车（AGV）组合在一起的卸货机器人（图4-2）。Vambo 具有广泛的运动范围和重量级负载能力，同时配备了垂直多关节机械臂、视觉传感器和自动导引车（AGV）。Vambo 自动走进集装箱内部后，用视觉传感器识别纸箱的形状，然后用像簸箕一样形状的手和垂直多关节机械臂对形状、大小各异的纸箱进行分拣并放在传送带上。在传送带尽头等待的码垛机器人将从集装箱卸下来的货物转运到托盘上，完成卸货工程。川崎机器人对这一系列的工序全部进行了自动化改革。

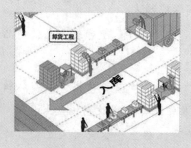
图4-1 卸货入库图

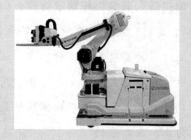
图4-2 Vambo 卸货机器人

2. 实现分拣工程自动化

在"自动仓库"可以自动对装货物的塑料箱进行运输。但塑料箱中货物的取出、装货用纸箱的组装、根据客户订单捆包装箱等作业仍由人工完成（图4-3）。

◆**川崎机器人分拣工程解决方案：duAro2双臂水平多关节机器人和RS013N六轴垂直多关节机器人**

duAro2是能和人协同工作的双臂水平多关节机器人。可以安装在狭窄的空间里工作，通过控制柜内置、配备脚轮，可以轻松移动、安装。具有双手臂，可以对形状、大小各异的货品进行搬运和移动。

RS013N可以完成垂直多关节机器人特有的三维动作（图4-4）。由川崎机器人提案的分拣自动化通过RS013N组装纸箱，duAro2把塑料箱内货品码放进纸箱，对以往人工进行的分拣、捆包的工序完成自动化改革。

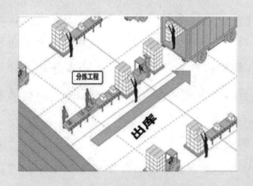 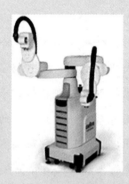

图4-3 分拣出库图　　　　图4-4 RS013N六轴垂直多关节机器人

3. 实现码垛工程自动化

最后的工序是将装有货物的纸箱码垛到托盘上，需要迅速且平稳地装载重物，因此，人工作业承担着巨大的负担（图4-5）。

◆**川崎机器人码垛工程解决方案：CP180L码垛机器人**

CP180L是拥有高速处理能力的码垛机器人（图4-6）。可对应食品、药品、印刷品等各种行业的多种需求及多品种、少量化的生产。

由川崎机器人提案的码垛自动化，用RS系列机器人手臂将传送带上的纸箱排列在指定位置，码垛机器人迅速准确地抓取纸箱，根据尺寸整齐地堆放到托盘上。

目前为止，在物流的"卸货""分拣""码垛"工程上仍需大量人工。川崎机器人致力于实现物流仓储"自动化、省人化"，为高效供应链做出贡献。

项目四 仓储作业 71

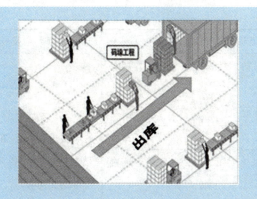
图4-5 码垛出库图

图4-6 CP180L 码垛机器人

(资料来源：https://new.qq.com/rain/a/20220429A08K5T00)

通过上述资料，思考货物进出库的工作流程有哪些，以及智能化出入库解决了哪些壁垒问题。

任务一 分拣与补货作业

【任务目标】

1. 结合商品属性掌握仓储分拣作业的方法及策略；
2. 掌握仓储补货的方式及时机；
3. 引导学生养成科学、严谨的工作态度。

【实施条件】

虚拟仿真实训室，具备连接互联网的计算机。

【实施过程】

环节	操作及说明	注意事项及要求
环节一	通过学习通平台进行微课学习；阅读相关知识；了解货物分拣与补货作业的基本过程。具体内容如下： （1）教师发布任务，学生学习微课视频，做课前测试题，并以小组为单位试做任务。 （2）利用课程平台发布任务。	（1）以室内调查为主，主要通过网络、图书馆、电话咨询等方式进行调研。

续表

环节	操作及说明	注意事项及要求
环节一	（3）小组试做，根据不同商品的属性来确定它们现在的分拣作业策略，讨论合理的拣选方法。 （4）小组讨论仓储补货的最佳时机	（2）活动以学生分组的形式进行，小组成员注意分工协作，各司其职，按时完成任务
环节二	小组展示，教师引导	
环节三	（1）根据学生试做情况，发现学生知识的薄弱之处，明确任务难点。 （2）教师引导各小组修改优化分拣及补货方案。 （3）通过教师引导学习，突破教学重难点	

【知识链接】

请扫码阅读知识链接。

商品拣选作业

安全库存

【知识内化】

商品的拣选是将客户订购的商品从配送中心仓库中挑选出来准备配送的业务活动，是配送中心成功实施配送活动的重要环节，也是不同配送企业在送货时进行竞争和提高自身经济效益的必然延伸。商品拣选作业包括分拣作业和补货作业。

1. 仓储分拣作业

分拣是将物品按品种、出入库先后顺序分门别类地堆放的作业。分拣是完善送货、支持送货准备性工作，是不同配送企业在送货时进行竞争和提高自身经济效益的必然延伸，所以，也可以说分拣是送货向高级形式发展的必然要求。在配送作业的各环节中，分拣作业是整个配送中心作业系统的核心之一，合理规划与管理分拣作业，对配送中心作业效率的提高具有决定性的影响。

（1）配送拣货方式。物流配送中心依据顾客的订单要求或配送计划，迅速、准确地将商品从其储位或其他区位拣取出来，并按一定的方式进行分类、集中的作业过程。分拣的方式通常包括订单拣取、批量拣取、复合拣取三种方式。

①订单拣取。订单拣取是针对每一份订单，分拣人员按照订单所列商品及数量，将商品从储存区域或分拣区域拣取出来，然后集中在一起的拣货方式。

特点：订单拣取作业方法简单，接到订单可立即拣货，作业前置时间短，作业人员责任明确；但对于商品品项较多时，拣货行走路径加长，拣取效率较低。

适用场合：订单拣取适合订单大小差异较大、订单数量变化频繁、商品差异较大的情况，如化妆品、家具、电器、百货、高级服饰等。

②批量拣取。批量拣取是将多张订单集合成一批，按照商品品种类别加总后再进行拣货，然后依据不同客户或不同订单分类集中的拣货方式。

特点：批量拣取可以缩短拣取商品时的行走时间，增加单位时间的拣货量；同时，需要订单累积到一定数量时才做一次性的处理，因此会有停滞时间产生。

适用场合：批量拣取适合订单变化较小、订单数量稳定的配送中心和外形较规则、固定的商品出货；需要进行流通加工的商品也适合批量拣取，再批量进行加工，然后分类配送，有利于提高拣货及加工效率。

③复合拣取。为克服订单拣取和批量拣取方式的缺点，配送中心也可以采取将订单拣取和批量拣取组合起来的复合拣取方式。

适用场合：复合拣取即根据订单的品种、数量及出库频率，确定哪些订单适用于订单拣取，哪些适用于批量拣取，分别采取不同的拣货方式。

（2）分拣作业的策略。分拣策略是影响拣货作业效率的关键，主要包括分区、订单分割、订单分批、分类四个因素，这四个因素相互作用可产生多个分拣策略。

①分区是指对分拣作业场地进行区域划分。例如，可以按拣货单位分区、按物品流量分区及按工作分区。

②订单分割是指当订单所订购的商品种类较多，或设计一个要求及时快速处理的分拣系统时，为了能在短时间内完成分拣处理，需要将一份订单分割成多份子订单，交给不同的拣货人员同时进行拣货。需要注意的是，订单分割要与分区原则结合起来，才能取得较好的效果。

③订单分批是指将多张订单集中起来进行批次拣取。订单分批的方法有多种，如按总合计量分批、按时窗分批、按固定订单量分批或智能型分批等。

④分类是指如果采用分批拣货策略，还必须明确相应的分类策略。分类的方法主要有拣货时分类和分拣后集中分类两种。

（3）分拣作业的方法。配送中心的作业内容不同，拣选商品的方法也不同。具体有以下方法。

①按一次作业的订单数量划分。具体可分为单一分拣法、批量分拣法和混合分拣法等。单一分拣法就是每次作业只拣选一张订单所需的货物，待该订单所需货物全部拣选配齐后，再进行下一张订单货物的拣选；批量分拣法是先将要进行拣选商品的客户订单汇总，然后按各种拣选商品的总量实施拣选，之后再按不同的客户进行分货，直至配齐所有客户的订货；混合分拣法是将单一拣选法和批量拣选法搭配使用。对于客户需求品种少、数量大的订单实施单一拣选；对于多品种、小批量的订单实施统一汇总的批量拣选。

②按配货人员的作业方法划分。具体可分为人工分拣法、人工+手推作业车拣选法、机械分拣法和传动运输带拣选法等。

③按分拣商品时的作业程序划分。具体可分为一人拣选法、分程传递法、分类拣选法和区间拣选法等。其中，一人拣选法是一个人按照订单的要求，进行拣选、配货；分程传递法是由数人分拣，首先决定个人所分担的货物种类和货架范围，然后拣选货单中仅是自己所承担的货物品种，拣选完毕后将货单依次转交下一个配货人员；分类拣选法是先将不同形状、不同尺寸、不同重量的货物分类保管，然后按商品类别进行分拣、配货；区间拣选法是先确定个人所分担的货物种类和货架区间，然后各自从个人所在区间的货架上进行自己所承担货物的拣选，之后进行汇总，按单配货。

④常用的组合拣选作业划分。具体可分为播种法和摘果法两种方法。播种法是借用稻田插秧技术进行货物拣取的一种拣货方法。其特点是适合订单数量庞大的系统，可以缩短拣取时的行走搬运距离，增加单位时间的拣取量；越要求少量、多批次的配送，就越有效。摘果法是借用从果树上采摘果实的技术进行拣取货物的一种拣货方法。其特点是作业方法单纯，订单处理前置时间短，导入容易且弹性大，作业人员责任明确，派工容易、公平，拣货后不必再进行分拣作业，适用于大量、少品种订单的处理。

（4）分拣作业的基本过程。分拣作业的基本过程包括以下四个环节。

①分拣信息的形成。分拣作业开始前，指示分拣作业的单据或信息必须先进行处理完成。虽然一些配送中心直接利用客户订单或公司交货单作为分拣指示，但此类传票容易在拣货过程中受到污损而产生错误，所以，多数分拣方式仍需要将原始传票转换成拣货单或电子信号，使拣货员或自动拣取设备进行更有效的拣货作业。但这种转换仍是分拣作业中的一大瓶颈，因此，利用 EOS（Electric Ordering System，电子订货系统）、POT 直接将订货资讯通过计算机快速、及时地转换成拣货单或电子信号是现代配送中心必须解决的问题。

②行走与搬运。分拣时，分拣作业人员或机器必须直接接触并拿取货物，这样就形成了分拣过程中的行走与货物的搬运。这一过程有以下两种完成方式。

方式一：人—物方式，即拣货人员以步行或搭乘拣货车辆的方式到达货物储位。这一方式的特点是物静而人动。拣取者包括拣货人员、自动拣货机、拣货机器人。

方式二：物—人方式，与方式一相反，拣取人员在固定位置作业，而货物保持动态的储存方式。这种方式的特点是物动而人静，如轻负载自动仓储、旋转自动仓储等。

③拣货。无论是人工或机械拣取货物，都必须首先确认被拣货物的品名、规格、数量等内容是否与拣货信息传递的指示一致。这种确认既可以通过人工目视读取信息，也可以利用无线传输终端机读取条码，由计算机进行对比；后一种方式可以大幅度降低拣货的错误率。拣货信息被确认后，拣取的过程可以由人工或自动化设备完成。

④分类与集中。配送中心在收到多个客户的订单后，可以形成批量拣取，然后根据不同的客户或送货路线分类集中，有些需要进行流通加工的商品还需要根据加工方法进行分类，加工完毕再按一定方式分类出货。多品种分货的工艺过程较复杂，难度也大，容易发生错误，必须在统筹安排、形成规模效应的基础上提高作业的精确性。分类完成后，经过查对、包装便可以出货了。

2. 仓储补货作业

当仓库模式为存拣分离时，会有对应的补货任务。补货作业是将货物从仓库保管区域搬运到拣货区的工作，包括确定所需补充的货物，领取商品，做好上架前的各种打理、准备工作，补货上架。

（1）仓储补货的方式。常见的仓储补货的方式主要有以下几种。

①整箱补货方式。由货架保管区补货到流动货架的拣货区。这种补货方式的保管区为料架储放区，动管拣货区为两面开放式的流动棚拣货区。拣货员拣货之后将货物放入输送机并运输到发货区，当动管区的存货量低于设定标准时，则进行补货作业。这种补货方式由作业人员到货架保管区取货后，用手推车载货至拣货区，较适合体积小且少量多样出货的货品。

②托盘补货方式。托盘补货方式是以托盘为单位进行补货。托盘由地面堆放保管区运输到地面堆放动管区，拣货时将托盘上的货箱置于中央输送机送到发货区。当存货量低于设定标准时，立即补货，使用堆垛机将托盘由保管区运输到拣货动管区，也可将托盘运输到货架动管区进行补货。这种补货方式适合体积大或出货量多的货品。

③货架上层—货架下层的补货方式。货架上层—货架下层的补货方式保管区与动管区属于同一货架，也就是将同一货架上的中下层作为动管区，上层作为保管区，而进货时则将动管区放不下的多余货箱放到上层保管区。当动管区的存货量低于设定标准时，利用堆垛机将上层保管区的货物搬至下层动管区。这种补货方式适合体积不大、存货量不高，且多为中小量出货的货物。

（2）仓储补货的时机。补货作业的发生与否主要看拣货区的货物存量是否符合需求，因此究竟何时补货要看拣货区的存量，以避免出现在拣货中才发现拣货区货量不足需要补货的情况，而造成影响整个拣货作业。通常，可采用批次补货、定时补货或随机补货三种方式。

①批次补货。在每天或每一批次拣取之前,经计算机计算所需货品的总拣取量和拣货区的货品量,计算出差额并在拣货作业开始前补足货品。这种补货原则比较适合一天内作业量变化不大、紧急追加订货不多,或每一批次拣取量需事先掌握的情况。

②定时补货。将每天划分为若干个时段,补货人员在每个时段内检查拣货区货架上的货品存量,如果发现不足,马上予以补足。这种定时补货的补货原则较适合分批拣货时间固定且处理紧急追加订货的时间也固定的情况。

③随机补货。随机补货是一种指定专人从事补货作业的方式,这些人员随时巡视拣货区的分批存量,发现不足随时补货。此种"不定时补足"的补货原则,较适合每批次拣取量不大、紧急追加订货较多,以至于一天内作业量不易事先掌握的情况。

(3) 仓储补货流程。在营业高峰前和结束营业前容易缺货,店长应要求店员及时发现商品缺货情况,并进行补货。补货以补满货架、端架或促销区为原则,尽量不堵塞通道,不妨碍顾客自由购物,补货时要注意保持卖场的清洁。

①补货前。补货前要先对系统的库存数据进行确认,确定属于缺货时,将暂时缺货标签放置在货架上。补货品项依促销品项、主力品项、一般品项的重要等级依次补货上架。有保质期限的商品和食品必须遵循先进先出的原则。

②补货时。补货时要注意检查商品的质量、外包装及条形码是否完好,价格标签是否正确。按区域依货架的顺序进行补货,店员应在不改变陈列位置和方法的前提下进行补货。

③补货后。货架补齐后,要及时清理通道的垃圾和存货,垃圾送到指定点,存货送回库存区。

(4) 补货的注意事项。在进行仓储补货时需要注意的事项有以下几点:已变质、受损、破包、受污染、过期、条码错误的商品严禁出售;需要补货时,必须先整理排面,维持好陈列柜的清洁;补货时要利用工具(平板车、五段车、周转箱等)进行补货,以减少体力支出,提高工作效率;对于叠放在栈板上的货品,应注意重量及体积大的放在下层,体积小和易坏的放在上层,摆放整齐;补货完毕后迅速将工具、纸箱等整理干净;补货完毕后需检查价格是否与商品对应;补货时对商品要轻拿轻放,避免因重摔而影响商品鲜度;补货和配货的概念不能混淆。

(5) 智能补货。现代的企业在仓库补货时,为了摆脱无所依据的、盲目的采购货物方式,往往依靠智能化的库房管理软件所自动生成的补货单作为补货的依据,这种依靠软件自动生成补货单,而不再人工制作补货单的补货方式就叫作智能补货。智能补货可以在多个行业中采用,如超市零售行业、五金批发行业、建筑建材行业、化妆品批发行业等。

①智能补货系统介绍。智能补货系统即自动补货系统(Automatic Replenishment Programs,ARP),利用销售信息、订单经由 EDI 连接合作伙伴的观念,合作伙伴之间必须有良好的互动关系,并且利用电子信息交换等方式提供信息给上下游。也就是说,ARP 是一种库存管

理方案，以掌控销售信息和库存量，作为市场需求预测和库存补货的解决方法，由销售信息得到消费需求信息，供应商可以更有效地计划，更快速地反映市场变化和用户需求，因此，ARP 可以用来降低库存量、改善库存周转，进而维持库存量的最佳化，而且供应商与批发商可以通过分享重要信息改善需求预测、补货计划、促销管理和运输装载计划等。

②智能补货的特点。智能补货系统能使供应商对其所供给的所有分门别类的货物及在其销售点的库存情况了如指掌，从而自动跟踪补充各个销售点的货源，使供应商提高了供货的灵活性和预见性，即由供应商治理零售库存，并承担零售店里的全部产品的定位责任，使零售商大大降低零售成本。

③智能补货的作用。采用智能补货对现代企业的发展来说有很大的积极作用，也使企业管理者对企业管理更加轻松，具体如下。

a. 可节省人力资源。随着智能补货方式的采用，在很大程度上不再需要人力去进行货物的统计，也不必再进行货物采购数据的分析，这就为企业节省了人力资源。

b. 可提高仓库补货效率。传统企业的进货方式往往都是先经过人工到仓库进行货物盘点，然后进行数据统计，再进行复杂的数据分析，最后还要依靠得出的数据来制作补货单，仓库补货一次往往需要好几个工作日。而智能补货方式的出现则弥补了以上问题的各个弊端，管理者只需要简单地操作库房管理软件就可以打印出非常合理的补货单，智能补货，一步到位。

c. 可减小企业风险。传统手工补货单的制作，要么是依靠盘查货物得出数据的分析，要么是依靠管理者的经验。这些体现在数据上都非常不科学，容易造成补货不合理，这往往会给企业带来很大的库存风险和销售风险。而智能补货方式在很大程度上是依靠库房管理软件得出的科学的补货数据，使补货不再有盲目性，一定程度上降低了企业的风险。

【做中学　学中做】

学生登录 http：//xnfz.lnve.net：9003/#/projectDetails？courseid = 385 进行商品入库前的分拣操作。

【思考与练习】

在仓库中拣选货品有哪些策略及方法？

任务二　入库作业

【任务目标】

1. 结合案例分析货物入库前准备内容；
2. 确定货物入库基本流程及各阶段任务；
3. 培养学生自学探究、严谨创新的工匠精神。

【实施条件】

虚拟仿真实训室，具备连接互联网的计算机。

【实施过程】

环节	操作及说明	注意事项及要求
环节一	通过学习通平台进行微课学习；阅读相关知识；了解货物入库简单流程。具体内容如下： （1）货物入库前的准备工作有哪些？ （2）整箱普货入库流程可以归纳为哪些环节？ （3）仓库入库载具应如何选择？ （4）自动化立体仓库入库环节应用技术有哪些	（1）以室内调查为主，主要通过网络、图书馆、电话咨询等方式进行调研。 （2）活动以学生分组的形式进行，小组成员注意分工协作，各司其职，按时完成任务
环节二	搜集京东、天猫等仓库，了解其货物入库流程等	
环节三	撰写仓库入库作业调查报告，内容如下： （1）普货整箱入库流程可以如何进行？ （2）特殊商品如生鲜、危险品入库应注意哪些问题？ （3）商品入库操作的技术进步将会朝着什么方向进行	

【知识链接】

请扫码阅读知识链接。

入库作业流程

【知识内化】

入库作业是指仓储部门按照存货方的要求合理组织人力、物力等资源，按照入库作业程序，认真履行入库作业各环节的职责，及时完成入库任务的工作过程。要对入库作业进行合理安排和组织，就需要掌握入库作业的基本业务流程，入库作业的基本业务流程包括入库申请、入库作业计划及分析、入库准备、接运卸货等作业，如图4-7所示。

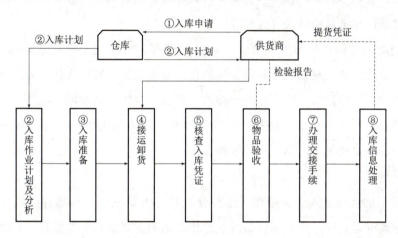

图4-7 入库作业基本业务流程

1. 入库申请

入库申请是存货人对仓储服务产生需求，并向仓储企业发出需求通知。仓储企业接到申请后，对此项业务进行评估并结合仓储企业自身业务状况做出反应，或拒绝该项业务，并做出合理解释，以求得客户的谅解；或接受此项业务，并制订入库作业计划，分别传递给存货人和仓库部门，做好各项准备工作。所以，入库申请是生成入库作业计划的基础和依据。

2. 入库作业计划及分析

入库作业计划是存货人员发货和仓库部门进行入库准备的依据。入库作业计划主要包括到货时间、接运方式、包装单元与状态、存储时间及物品的名称、品种、规格、数量、单件体积与重量、物理、化学、生物特性等详细信息。

仓库部门对入库作业计划的内容进行分析，并根据物品在库时间和货物信息，合理安排货位。仓库部门通过对入库作业计划做出测评与分析之后，即可处理入库信息，并进行物品入库前的准备工作。

对于第三方仓储物流企业来说，入库信息处理一般由直接面对客户的商务部来完成，将客户入库通知（可能来自电话、电子邮件、传真、对接的信息系统）的关键信息转化成公司内部统一的入库作业计划单即生成入库订单，作为入库作业的凭证，并传递给仓库保管人员和收货人员,作为他们进行入库准备的依据。

3. 入库准备

入库准备就是按照商品的不同性质由仓库管理人员根据实际情况分区分类地划分存放位置。具体方法有以下几种。

(1) 按物品的种类和性质分类储存。这种分类储存的方法是大多数仓库所采用的分区分类储存方法,有利于物品的保养。将储存、保养方式相同的物品放置在同一区域,而将互相影响或保管条件相抵触的物品分开储存。

(2) 按物品的危险性质分类储存。这种分类储存的方法用于储存危险品的特种仓库。它按照物品的危险性质,对易燃、易爆、易氧化、有腐蚀性、有毒害性、有放射性的物品进行分别存放,避免互相接触,防止燃烧、爆炸、腐蚀、毒害等事故的发生。

(3) 按物品的归属单位分类储存。这种分类储存的方法需要用于专门从事保管业务的仓库。根据物品所属的单位对其进行分区保存,可以提高物品出入库的作业效率,同时可以减少差错的发生。

(4) 按物品的运输方式分类储存。这种分类储存方法主要针对储存期短,而进出量较大的中转仓库或待运仓库。它依据物品的发运地及运输方式进行分类保存。具体做法是先按运输方式把物品划分为公路运输的物品、铁路运输的物品、水路运输的物品,再按到达车站、港口路线分别储存。

(5) 按物品储存作业特点分类储存。根据物品储存作业时具体的操作方法,可将物品分类储存。例如,将进出库频繁、需严格按照"先进先出"的规律存储的物品存放在车辆进出方便、装卸搬运容易、靠近库门的区域;而将储存期较长、不需严格按照"先进先出"的规律储存的物品储存在库房深处或多层仓库的楼上。

4. 接运卸货

出于货物到达仓库的形式不同,除小部分由供货单位直接运输到仓库交货外,大部分要经过铁路、公路、航运、空运和短途运输等运输工具转运。凡经过交通运输部门转运的物品,都必须经过仓库接运后,才能进行入库验收。因此,货物的接运是入库作业业务流程的第一道作业环节,也是仓库直接与外部发生经济联系的环节。它的主要任务是及时而准确地向交通运输部门提取入库货物,手续清楚、责任分明,为仓库验收工作创造有利的条件。做好货物接运业务管理的主要意义在于防止把在运输过程中或运输之前已经发生的物品损害和各种差错带入仓库,减少或避免经济损失,为验收和保管、保养创造良好的条件。

(1) 专用线接货。专用线接货是指仓库备有铁路专用线,承担大批量的货物接运。一般铁路专用线都与公路干线联合使用。在这种联合运输的形式下,铁路承担长距离的货物运输,汽车承担直接面向收货方的、短距离的货物运输。

①接车卸车准备。接货人员在接到车站到货的预报后,首先确定卸车的位置,力求缩短场内搬运距离,并准备好卸车所需的人力和机具,确保能够按时完成卸车作业。在接到到站的确切报告后,接货人员要及时赶到现场,引导货车停靠在预定的位置。

②卸货前检查及卸货作业。在进行卸货作业前,接货人员要先对车中的货物进行大致的检查,以防止误卸,划清物品运输事故的责任。货物经过检查后,接货人员就可以安排相关人员进行卸车作业了。

③卸货后进行现场清理。检查车内物品是否已经全部卸完,然后关好车门、车窗,并通知车站取车。

④填写到货台账。到货台账中应该包括到货名称、规格、数量、到货日期、货物发站、发货单位、送货车皮号、货物有无异状等信息。

⑤办理内部交接手续。此时,接货人员应将到货台账及其他有关资料与收到的货物一并交给仓库管理人员,并让仓库管理人员为货物办理入库手续。

(2)车站、码头提货。车站、码头提货是由外地托运单位委托铁路、水运、民航等运输部门或邮递货物到达本埠车站、码头、民航、邮局后,仓库依据货物通知单派车提运货物的作业活动。

①安排接运工具。了解货物的特性、单件重量、外形尺寸等情况,选择并安排接运工具。

②前往承运单位。接货人员应带领接运人员前往承运单位,准备接货。

③出示卸货凭证。应向车站出示预先收到的由发货人寄来的领货凭证。如果没有收到领货凭证,也可凭单位证明或在货票存查联上加盖单位提货专用章,将货物提回。到码头提货的手续与车站稍有不同,接货人员需事先在收到的提货单上签名并加盖单位公章或附上单位提货证明,然后到港口货运处取得货物运单,并到指定的仓房提取货物。

④检查货物状况。首先应根据运单和有关资料认真核对物品的名称、规格、数量、收货单位等,然后仔细对货物进行外观检查。如果发现疑点或与运单记载不相符合的情况,接货人员应当与承运部门当场检查确认,并让其开具文字证明。

⑤装载并运回货物。对于检查无误的货物,安排装卸人员进行装卸,并将货物运回仓库。

⑥办理内部交接。运输到仓库后,接货人员要逐一清点,交给接货的仓库管理人员,并办理相应的交接手续。

(3)自提货。自提货是指接货人员到供货单位处提货,此时验收与提货同时进行。自提货应按以下要求办理。

①提货人员在提货前要了解和掌握所提货物的品名、规格、数量及入库验收的有关要求和注意事项，准备好提货所需的机具。

②现场点交，办理签收手续。当供货单位点交所提货物时，提货人员要负责查看货物的外观质量，点验件数和重量，并验看供货单位的质量合格证等有关证件。

③货物提运到库后，保管人员、提货人员、随车装卸工人要密切配合，逐件清点交接。同时核对各项凭证、资料是否齐全，最后由保管人员在送货单上签字，并及时组织复验。

（4）送货到库。送货到库是指供货单位或其委托的承运单位将物品直接送达仓库的一种供货方式。当物品到达后，接货人员及验收人员应直接与送货人员办理接货工作，当面验收并办理交接手续。如果有差错，应该会同送货人员查实，并由送货人员出具书面证明、签章确认，以留作处理问题的依据。

5. 核查入库凭证

入库物品必须具备下列凭证。

（1）入库通知单和订货合同副本，这是仓库接受物品的凭证。

（2）供货单位提供的材质证明书、装箱单、磅码单、发货明细表等。

（3）物品承运单位提供的运单，若物品在入库前发现残损情况，还要有承运部门提供的货运记录或普通记录，作为向责任方交涉的依据。

（4）核对凭证，也就是将上述凭证加以整理，全面核对。入库通知单、订货合同要与供货单位提供的所有凭证逐一核对，相符后，才可进行下一步实物验收。这里应该注意核查入库凭证，是为了保证与入库物品有关的单证齐全、无差错、无短缺，核查入库凭证是实物验收的基础。

6. 物品验收

（1）验收准备。仓库接到到货通知后，应根据物品的性质和批量提前做好验收前的准备工作，大致包括以下内容。

①人员准备。安排好负责质量验收的技术人员或用料单位的专业技术人员、仓库管理人员或仓库调度人员及装卸搬运人员。

②资料准备。收集并熟悉待验物品的有关文件，如技术标准、仓储合同、订货合同、合同未涉及但有惯例的资料等。

③器具设备。准备好验收使用的检验工具，如衡器、量具等，并检验其准确性。

④货位准备。确定验收入库时存放货位，计算和准备堆码苫垫材料、货架等。

⑤设备防护用品的准备。大批量物品的数量验收，必须要有装卸搬运机械的配合，应进行设备的申请调用。另外，对于特殊物品的验收，如有毒物品、腐蚀性物品、放射性物品等，还要准备相应的防护用品。

(2)实物检验。

①检验物品包装。对物品包装的检验是对物品质量进行检验的一个重要环节。物品包装的完整程度及干湿状况与内装物品的质量有着直接的关系。通过观察物品包装的损坏,可以有效地判断出物品在运送过程中可能出现的损伤,并据此制定对物品的进一步检验措施。因此,在验收物品时,仓库管理人员需要首先对包装进行严格的检验。

通常在初验时主要检验物品的外包装,包括有无被撬、开缝、污染、破损、水渍等不良情况。同时,还要检查包装是否符合有关标准要求,包括选用的材料、规格、制作工艺、标志、打包方式等。

②验收货物数量。数量验收是保证货物数量准确不可缺少的重要步骤,是在初验的基础上,于质量验收之前,做进一步的货物数量验收,即所谓的细数验收。根据货物性质和包装情况,数量验收可分为计件、检斤和检尺求积三种形式。

a. 计件是按件数供货或以件数为计量单位的货物,在数量验收时清点件数。一般情况下,计件货物应全部逐一清点,一般运输包装完好、销售包装数量固定的不拆包,只清点大包装,除非特殊情况可拆包抽查,若有问题扩大抽查范围,直至全查;固定包装的小件货物,如包装完好,打开包装对保管不利,则可采用抽验;其他只检查外包装,不拆包检查。

b. 检斤是按重量供货或以重量为计量单位的物品做数量验收时的称重。金属材料、某些化工产品一般是检斤验收。按理论换算重量供应的物品,先要通过检尺,如金属材料中的板材、型材等,然后,按规定的换算方法换算成重量验收。对于进口物品,原则上应全部检斤,但如果订货合同规定理论换算重量交货,则按合同规定。所有检斤的货物都应填写磅码单。

c. 检尺求积是对以体积为计量单位的物品,如木材、竹材、砂石等,先检尺、后求体积所做的数量验收。凡是经过数量验收的物品,都应该填写磅码单,在做数量验收之前,还应根据物品来源、包装好坏或有关部门规定,确定对到库商品是采取抽验还是全验方式。在一般情况下,数量验收应全验,即按件数全部进行点数,按重量供货的全部检斤,按理论重量供货的全部检尺,后换算为重量,以实际检验结果的数量为实收数。有关全验和抽验,如果物品管理机构有统一规定时,则可按规定办理。若合同有规定,按合同规定办理。

③验收货物质量。物品质量验收是指检验物品质量指标是否符合规定。仓库对到库物品进行质量验收根据仓储合同约定来实施,合同没有约定的,按照物品的特性和惯例来确定。

感官验收法是用感觉器官,如视觉、听觉、触觉、嗅觉,来检查物品质量的一种方法,它简便易行,不需要专门设备,但是有一定的主观性,容易受检验人员的经验、环境等因素的影响。

理化检验是对物品的内在质量和物理化学性质所进行的检验,一般主要是对进口物品进行理化检验。对物品内在质量的检验要求一定的技术知识和检验手段,目前仓库大多不具备这些条件,所以一般由专门的技术检验部门进行。如羊毛的含水量,花生、谷物中的黄曲霉毒素的检验等。

对于不需要进行进一步质量检验的物品,仓库管理人员在完成上述检验并判断物品合格后,就可以为物品办理入库手续了。而对于那些需要进一步进行内在质量检验的物品,仓库管理人员应该通知质量检验部门对产品进行质量检验,待检验合格后才能办理物品的入库手续。

(3)验收常见问题处理。

①包装问题。在清点大件物品时,发现包装有水渍、污染、损坏、变形等情况时,应进一步检查内部数量和质量,并由送货人员开具包装异状记录,或在送货单上注明,同时,通知保管人员单独堆放,以便处理。

②数量不符。如果经验收后发现物品的实际数量与凭证上所列的数量不一致,应由收货人员在凭证上详细做好记录,按实际数量签收,并及时通知送货人员和发货方。

仓库在物品验收过程中,如发现物品数量与入库凭证不符、质量不符合规定、包装出现异常情况时,必须做出详细记录。同时,将有问题的物品另行堆放,并采取必要的措施,防止损失继续扩大,并立即通知业务部门或邀请有关单位现场察看,以便及时做出处理。

③质量问题。在与铁路、交通运输部门初步验收时,如果发现质量问题,应向承运方清查点验,并由承运方编制商务记录或出具证明书,作为索赔的依据。如果确认责任不在承运人员,也应做好记录,由承运人员签字,以便作为向供货方联系处理的依据。

在拆包进一步验收时发现有质量问题,应将有问题的物品单独堆放,并在入库单上分别签收,同时通知供货方,以划清责任。

7. 办理交接手续

交接手续是指仓库对收到的物品向送货人员进行确认,表示已经接收物品。办理完交接手续,意味着划分清楚运输、送货部门和仓库的责任,完整的交接手续包括以下过程。

(1)接收物品。仓库通过理货、查验物品,将不良物品剔除、退回或编制残损单证等,明确责任,确定收到物品的确切数量、物品表面状态完好。

(2)接收文件。接收送货人送交的物品资料、运输的货运记录及随货在运输单证上注明接收的文件名称、文号等,如图纸、准运证等。

(3)签署单证。仓库与送货人员或承运人员共同在送货人员交来的送货单上签字,并留存相符单证。若送货单与交接清单不一致或物品、文件有差错时,还应附上事故报告或说明,并由有关当事人签章,待处理。

8. 入库信息处理

(1)登记明细账。物品入库后,应建立明细账,详细反映物品存储状况。登记物品入库、出库、结存情况,用以记录库存物品动态和出入库过程。

(2)设置物品保管卡。物品保管卡又称货卡、货牌,简称保管卡,是一种实物标签。物品入库后或上架后,将物品名称、规格、数量或出入库状态等内容填写在料卡上,插放在货架上或货垛的正面明显位置上。当新物品入库时,为其设置专门的保管卡;在物品入库、出库、盘点后,要立即在卡上的相关位置填写具体信息;在某物品清库后,要将保管卡收回,并放置于该物品的档案中。

(3)建立档案。建立档案是对货物入库作业全过程的相关资料进行整理、核对。它可为货物的保管及出库业务创造良好的条件。

【做中学　学中做】

学生登录 http://xnfz.lnve.net:9003/#/projectDetails?courseid=385 进行商品入库操作。

【素养提升】

坚守初心、点亮万家、工匠精神、时代楷模

【二十大代表风采·"时代楷模"】张黎明:创新和坚守扎根电力抢修一线 35 年

在中新天津生态城,一台智慧公交充电机器人挥舞着机械臂自主移动,精准地将充电枪插入一辆无人驾驶电动公交车的充电口内,完成插接和充电,所有动作一气呵成。发明这台机器人的,正是二十大代表、国网天津滨海供电公司运维检修部配电运检室党支部副书记、配电抢修班班长张黎明。在接受中新网记者采访时,张黎明表示,创新是他的习惯,工作中,他会时刻留心"疑难杂症",用心琢磨,然后进行创新改造,对设备进行

再升级,让用电居民和企业受益。

张黎明,现任天津市总工会副主席、国家电网天津市电力公司滨海供电分公司运维检修部第四党支部副书记、配电抢修一班班长。

他以"工匠精神"自勉,30 年扎根一线,是配电抢修一线的"活地图"和"急先锋";作为"蓝领创客",他精益求精,执着创新,带领团队累计为公司产生直接经济效益近 10 亿元,是天津市电力系统唯一享受国务院政府特殊津贴的一线工人。荣获国务院政府特殊津贴、全国五一劳动奖章、全国劳动模范、全国岗位学雷锋标兵、天津市道德模范、"为民务实清廉先进典型"等荣誉。

长期的工作经验，张黎明总结分析了上万个故障，形成50多个案例，编成《黎明急修工作案例库》分享给同事们，让大家事半功倍。带领并鼓励年轻人钻研、创新，培养了更多电力"蓝领创客"。

"我不会辜负党的十九大代表、二十大代表荣誉，要继续带领团队深入开展'节能互助照亮邻里'公益项目，同更多的公共服务行业形成联盟，联合解决老百姓用能问题。"张黎明说，在志愿服务中，他们要以更精湛的技术、更优质的服务、更可靠的供电，用真心架起党和群众的"连心桥"。

（资料来源：https：//www.toutiao.com/article/7147634210310717960/？channel=&source=search_tab）

思考：在仓储作业中我们需要具备怎样的"工匠精神"？

【思考与练习】

请归纳总结在商品入库验收过程中会遇到哪些问题，如何解决这些问题？

任务三　存储作业

【任务目标】

1. 根据库存货物的保管质量与作业效率要求掌握仓储存储管理的原则及措施；
2. 结合商品属性进行存储货位的正确选择及掌握具体的管理措施；
3. 引导学生养成严谨细致、吃苦耐劳的职业素养。

【实施条件】

虚拟仿真实训室，具备连接互联网的计算机。

【实施过程】

环节	操作及说明	注意事项及要求
环节一	通过学习通平台进行微课学习；阅读相关知识；了解货物存储相关知识。具体内容如下： （1）教师发布任务，学生学习微课视频，做课前测试题，并以小组为单位试做任务。 （2）小组试做，根据不同的仓储环境，通过合理、安全、科学的方式对存储的物品进行有效的管理设计，如货位如何安排等。 （3）小组试做，根据仓储管理原则对商品的仓储货位进行合理的设计与安排	（1）以室内调查为主，主要通过网络、图书馆、电话咨询等方式进行调研。 （2）活动以学生分组的形式进行，小组成员注意分工协作，各司其职，按时完成任务
环节二	小组展示，教师引导	
环节三	（1）检查各小组完成情况，分析归纳学生试做中出现的问题，明确教学难点。 （2）教师引导各小组进行修改优化存储管理方案，规范相关商品的货位安排。 （3）通过教师引导学习，突破教学重难点	

【知识链接】

请扫码阅读知识链接。

动态货位，无需人工操作

【知识内化】

存储是根据不同的仓储环境，通过采取合理、安全、科学的方式对存放的物品进行有效的管理。

1. 仓储存储作业管理的概念

仓储存储作业管理是指在把将来要使用或要出货的商品保管好的前提下，经常对库存进行检查、控制和管理。其作业目标是最大限度地利用空间，有效地利用劳力和设备，安全和经济地搬运物品、货物，妥善地管理和保管货物。

2. 仓储存储管理的原则

在存储作业管理中，有几个重要原则必须特别注意，否则作业效率与库存商品的保管质量都要受到严重的影响。

（1）先进先出原则。在仓库保管中，先进先出是一项非常重要的原则，尤其是有时间性的产品，如果不以先进先出的原则进行处理，可能会造成储存货物的过期或变质，以致影响整个仓库的保管效益。

（2）零数先出原则。在仓库中，时常会有拆箱零星出货的情形发生。因此，在出货时，必须考虑以零数或已经拆箱的产品优先出货。

（3）重下轻上原则。在储存规划时，如果是多层楼房，应该考虑较重的产品存放在楼下，而较轻的产品存放在楼上。如果是使用料架堆叠或直接平放地面，则应该考虑较重的产品存放在下层容易进出的地方，而较轻的产品应该存放在上层的位置。如此规划布置，才能避免较轻的产品被较重的产品压坏。同时，也可以提高仓库作业的效率。

（4）A、B、C分类布置原则。在产品规划布置上，首先应该以产品畅销排行，对产品进行A、B、C分类。在平面布置时，将畅销的A类产品规划在靠近门口或走道旁，将最不畅销的C类产品规划在角落或靠门口较远的地方，而B类产品则堆放在A类与C类产品之间。

（5）特性相同的产品存放在一起。在仓库保管中，往往会有许多种类的产品存放在一起，但是每一种产品的特性大都不同，有时存放在一起会产生变质的情形。例如，有些产品会散发气味（香皂、香水等），有些产品则会吸收气味（茶叶等产品），甚至有些产品同时散发、吸收气味（香烟等产品）。若是将会散发气味与吸收气味的产品存放在一起，则会使产品的质量产生变化，甚至造成退货的情形。因此，在仓库保管中，一定要特别注意此项原则。

3. 仓储货位安排

（1）货位的概念。货位是指场库在装车前和卸车后暂时存放一辆货车装载的货物或集结一个到站或方向的货物所需要的场地。整车货物是一车一个货位，一个货位的面积通常为 $80\sim100\ m^2$。零担货物根据仓库设备的特点和运量情况划分，可以一车一个货位，也可以是几个货位容纳一车货物。

（2）货位选择的原则。货位的选择是在商品分区分类的基础上进行的，所以，货位的选择应遵循确保商品安全，方便吞吐发运、力求节约仓容的原则。

①确保商品安全原则。为确保商品质量安全,在货位选择时,应注意以下几个方面的问题:诸如怕冻的商品,应选择温度不低于 0 ℃的货位;怕光、怕热、易溶的商品,应选择低温的货位;怕潮、易霉、易锈的商品,应选择干燥或密封的货位;性能相互抵触或有挥发性、串味的商品,不能同区存储;易燃、易爆、有毒、有腐蚀性、放射性的危险商品,应存放在郊区仓库分类专储;消防灭火方法不同的商品,要分开储存货区;同一货区储存的商品中,要考虑有无虫害感染的可能;同一货区的商品中,存放外包装含水量过高的商品会影响邻垛商品的安全。

②方便吞吐发运的原则。货位的选择应符合方便吞吐发运的原则,方便商品的进出库,尽可能缩短收货、发货作业时间。

③力求节约仓容的原则。货位的选择还要符合节约的原则,以最小的仓容储存最大限量的商品。在货位负荷量和高度基本固定的情况下,应从储存商品不同的体积、重量出发,使货位与商品的重量、体积紧密结合起来。对于轻泡商品,应安排在负荷量小和空间高的货位。对于实重商品,应安排在负荷量大且空间低的货位。

除此之外,在货位的选择和具体使用时,还可以根据仓储商品具有吞吐快慢不一的规律,针对操作难易不一的特点,将热销和久储、操作困难和省力的商品,搭配在同一货区储存,这样,不仅能充分发挥仓容使用的效能,而且还能克服各个储存区域之间忙闲不均的现象。

(3) 货位的分布形式。货位的分布形式有直线式、曲线式和斜线式三种。

①直线式货位是指货架和通道呈现矩形分段布置形式,它主要适用于超级商场和大型百货商店。直线式货位的优点是顾客易于寻找货位,易于采用标准化货架;其缺点是容易造成冷淡气氛,易使顾客产生被催促的感觉,使顾客自由浏览商品受到限制。

②曲线式货位的货位分布和顾客通道都呈现不规则的曲线形式。它是开价销售常用的形式,主要适用于大型百货商店、服装商店等。其优点是能创造活跃的商店气氛,便于顾客选购浏览、任意穿行,可增加顾客随意购买的机会;其缺点是浪费场地面积,使顾客寻找货位不够方便。

③斜线式货位是指货架和通道呈现菱形分段的布置形式。其优点是可以使顾客看到更多的商品,气氛也比较活跃,顾客的活动不受拘束;其缺点是这种形式的通道对场地面积的利用不如直线式通道充分。

(4) 货位的编号。仓库的货位布置可根据仓库的条件、结构、需要,根据已确定的商品分类保管的方案及仓容定额加以确定。货位编号的方法有多种,可灵活掌握,但无论采用何种方式,货位的摆放往往都需要与主作业通道垂直,以便于存取。

①货位编号的要求。货位的编号就好比商品在仓库中的住址,必须符合"标志明显易找,编排循规有序"的原则。具体编号时,必须符合标志制作要规范、编号顺序要一致、

标志设置要适宜及段位间隔要恰当等要求。

同时应注意的是，走道、支道不宜经常变更位置，变更编号，因为这样不仅会打乱原来的货位编号，而且会使保管人员不能迅速收货、发货。

②货位编号的方法。目前，仓库中货位编号常用的方法有仓库内储存场所的编号、库房编号和货场编号三种。其中，仓库内储存场所的编号是指整个仓库内的储存场所应按照一定的顺序（自左向右或自右向左）各自连续编号。库房的编号一般写在库房的外墙上或库门上，字体要统一、端正、色彩鲜艳、清晰醒目、易于辨认；货场的编号一般写在场地上，书写的材料要耐摩擦、耐雨淋、耐日晒。

库房编号时，对于多层库房的编号，常采用"三位数编号""四位数编号"或"五位数编号"。"三位数编号"是用三个数字或字母依次表示库房、层次和仓间，如131编号，表示1号库房、3层楼、1号仓间；"四位数编号"是用四个数字或字母依次表示库房、层次、仓间和货架，如1331编号，表示1号库房、3层楼、3号仓间、1号货架；"五位数编号"是用五个数字或字母依次表示库房、层次、仓间、货架、货格，如13311编号，表示1号库房、3层楼、3号仓间、1号货架、1号货格。

根据货位布置的方式不同，其编号的方式也有所不同，货位布置的方式一般有两种，即横列式和纵列式。横列式即货位横向摆放，可采用横向编号；纵列式即货位纵向摆放，常采用纵向编号。

③货位编号的应用。当商品入库后，应将商品所在货位的编号及时登记在账册上或输入计算机。货位输入的准确与否，直接决定了出货的准确性，应认真仔细操作，避免差错。当商品所在的货位变动时，该商品账册上的货位编号也应做相应的调整。为提高货位利用率，一般同一货位可以存放不同规格的商品，但必须配备区别明显的标志，以免造成差错。

【做中学　学中做】

学生登录 http：//xnfz.lnve.net：9003/#/projectDetails?courseid=385进行商品存储操作。

【思考与练习】

请分析商品在进行存储作业时应遵循怎样的管理原则，有哪些具体管理措施？

任务四　出库作业

【任务目标】

1. 熟悉货品出库的流程;
2. 掌握货品出库的基本要求和形式;
3. 培养学生形成质量意识、成本效率意识。

【实施条件】

虚拟仿真实训室,具备连接互联网的计算机。

【实施过程】

环节	操作及说明	注意事项及要求
环节一	通过学习通平台进行微课学习;阅读相关知识;了解货物出库简单流程。具体内容如下: (1) 学习优秀物流企业微课视频,做课前测试题。 (2) 小组试做,根据仓库目前的库存分布图设计拣选单,讨论合理的拣选方式。 (3) 统计分析课前测试题和任务试做结果,掌握学生学习的难点,调整教学策略	(1) 以室内调查为主,主要通过网络、图书馆、电话咨询等方式进行调研。 (2) 活动以学生分组的形式进行,小组成员注意分工协作,各司其职,按时完成任务
环节二	小组展示,教师引导	
环节三	(1) 用优秀物流企业案例增强职业认同。 (2) 检查各小组完成情况,分析归纳学生试做中出现的问题,明确教学难点。 (3) 通过教师引导学习,突破教学重难点	

【知识链接】

请扫码阅读知识链接。

菜鸟智能无人仓库

【知识内化】

货物出库是仓储作业管理的最后环节，它使仓储作业与运输部门、物品使用单位直接产生联系。因此，做好出库作业对改善仓储经营管理、降低作业费用、提高服务质量有重要的作用。

1. 仓储出库作业的含义

商品出库业务，是仓库根据业务部门或存货单位开出的商品出库凭证（提货单、商品调拨通知单），按其所列商品编号、名称、规格、型号、数量等项目，组织商品出库一系列工作的总称。出库的物品必须包装完整、标记正确清楚、数量准确，核对必须仔细。

商品出库是物资储存阶段的结束，是储运业务流程的最后阶段，标志着物资实体转移到生产领域的开始。

2. 仓储出库作业的依据

商品出库必须依据货主开出的"商品调拨通知单"进行。无论在任何情况下，仓库都不得擅自动用、变相动用或外借货主的库存商品。

"商品调拨通知单"的格式不尽相同，无论采用何种形式，都必须是符合财务制度要求的、有法律效力的凭证，要坚决杜绝凭信誉或无正式手续的发货。

3. 出库管理的基本要求

物品出库要做到"三不、三核、五检查"。

（1）"三不"，即未接单据不翻账，未经审单不备货，未经复核不出库；

（2）"三核"，即在发货时，要核对凭证、核对账卡、核对实物；

（3）"五检查"，即对单据和实物要进行品名检查、规格检查、包装检查、数量检查、重量检查。具体地说，物品出库要求严格执行各项规章制度，杜绝差错事故，提高服务质量，让客户满意。

4. 出库的主要形式

（1）送货。仓库根据货主单位预先送来的"商品调拨通知单"，通过发货作业，把应发商品交由运输部门送达收货单位，这种发货形式就是通常所说的送货制。仓库实行送货，要划清交接责任。仓储部门与运输部门的交接手续，是在仓库现场办理完毕的，运输部门与收货单位的交接手续，是根据货主单位与收货单位签订的协议，一般在收货单位指定的到货地办理。

送货具有"预先付货、接车排货、发货等车"的特点。仓库实行送货具有多方面的好处：仓库可预先安排作业，缩短发货时间；收货单位可避免因人力、车辆等不便而发生的取货困难；在运输上，可合理使用运输工具，减少运费。

仓储部门实行送货业务，应考虑到货主单位不同的经营方式和供应地区的远近，既可向外地送货，也可向本地送货。

（2）自提。由收货人员或其代理持"商品调拨通知单"直接到库提取，仓库凭单发货，这种发货形式就是仓库通常所说的提货制。它具有"提单到库，随到随发，自提自运"的特点。为划清交接责任，仓库发货人员与提货人员在仓库现场，对出库商品当面交接清楚并办理签收手续。

（3）过户。过户是一种就地划拨的形式，商品虽未出库，但是所有权已从原存货户转移到新存货户。仓库必须根据原存货单位开出的正式过户凭证，才予以办理过户手续。

（4）取样。货主单位出于对商品质量检验、样品陈列等需要，到仓库提取货样。仓库也必须根据正式取样凭证才予以发给样品，并做好账务记载。

（5）转仓。货主单位为了业务方便或改变储存条件，需要将某批库存商品自甲库转移到乙库，这就是转仓的发货形式。仓库也必须根据货主单位开出的正式转仓单，才予以办理转仓手续。

（6）代办托运。代办托运简称托运，由仓库会计根据货主事先送来的发货凭证转开货物出库单或备货单，交仓库管理员做好货物的配送、包装、集中、理货、待运等准备作业。设有理货人员的仓库应由理货人员负责进行集中理货和待运工作，管理人员和理货人员之间要办理货物交接手续，然后由仓库管理人员与运输人员办理点验交接手续，以便明确责任，最后由运输人员负责将货物运往车站或码头。这种方式较为常见，也是仓库推行优质服务的措施之一，适用于大宗、长距离的货物运输。

5. 出库前的准备工作

不同仓库在出库的准备操作程序上会有所不同，操作人员的分工也各不相同，但就整个发货作业的过程而言，出库前的准备工作一般可分为以下几个方面。

（1）做好出库计划工作。出库计划工作即根据货主提出的出库计划或出库请求预先做好货物出库的各项安排，包括货位机械设备、工具和工作人员的准备与安排等，提高人、财、物的利用率。

（2）做好出库货物的具体准备工作。

①包装整理、标志重刷。货物经过多次装卸、堆码、翻仓和拆检等会使部分包装受损，不适合运输。仓库应清理原货包装，清除积尘污物；对包装已残损的要更换包装；提货人员要求重新包装、灌包或加固的，仓库要及时安排包装作业；对原包装标志脱落、标志不清的进行补刷补贴；提货人员要求标注新标志的，应在提货日之前进行。

②对零星货物进行组配、分装。为了方便作业，需要对零星货物进行配装，即使用大型容器收集零星货物或将零星货物堆装在托盘上，以免提货时遗漏；有些货物依货主要求需拆零后出库，仓库应为此备足零散货物；有些货物需要拼箱，为此仓库事先要做好挑选、分拣、分类、整理和配套等准备工作，例如，每箱1 000个螺钉，客户习惯每次提货200个，仓库就将1 000个螺钉平均分装在5个周转箱内，循环补货。在实际工作中，如果是供应生产工位，就不必将200个螺钉一个不差地数出来，每个螺钉价值低，没有必要浪费人力去检斤和数数。

③准备好包装材料、作业工具及相关用品。对需要包装、拼箱或改装的货物，仓库在发货前应根据货物的性质和运输部门的要求，准备各种包装材料及相应的衬垫物，以及刷写包装标志的用具、记号笔、封签、标签胶带、剪刀、胶带座、颜料和钉箱等所需的各种工具。

④转到备货区备运。将要出库的货物借助装卸搬运设备预先搬运到备货区，以便能及时装运。

备货时，如发现下列情况，要立即与货主或仓单持有人联系，货主或仓单持有人认为可以出库，并在正式出库凭证上签注意见后，方可备货出库，否则不备货、不出库，包括：没有全部到齐的一票入库货物；入库验收时发现的问题尚未处理的；货物质量有异常的。

备货中，如发现出库货物的包装有破损、断绳、脱钉等情况，仓库要负责加固修理，严格禁止包装破损的货物出库。

当提货的客户较多时，应尽量按照受理时间先后，合理安排货物出库的先后顺序。考虑到发货作业是一项涉及人员多、处理时间紧、工作量大的工作，进行合理的人员（仓库管理人员、分拣人员、叉车司机、辅助工人等）组织和机械（叉车等）协调安排，也是完成发货的必要保证。

6. 出库作业

不同仓库在商品出库的操作程序上会有所不同，操作人员的分工也有粗有细，但就整个发货作业的过程而言，一般是随着商品在库内的流向，或出库单的流转而构成各工种的衔接。出库作业程序如图4-8所示。

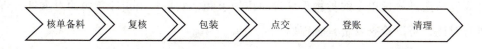

图 4-8 出库作业流程

出库采用何种方式，主要取决于收货人员。

(1) 核单备料。发放商品必须有正式的出库凭证，严禁无单或白条发料。保管人员接到出库凭证后，应仔细核对，这就是出库业务的核单工作。首先，要审核出库凭证的合法性和真实性；其次，核对商品品名、型号、规格、单价、数量、收货单位、到站、银行账号；最后，审核出库凭证的有效期等。如属自提商品，还须检查有无财务部门准许发货的签章。

(2) 复核。为防止差错，备料后应立即进行复核。复核的主要内容包括品种数量是否准确，商品质量是否完好，配套是否齐全，技术证件是否齐备，外观质量和包装是否完好等。复核后保管人员和复核人员应在"商品调拨通知单"上签名。

出库的复核形式主要有专职复核、交叉复核和环环复核三种。除此之外，在发货作业的各个环节上，都贯穿着复核工作。例如，理货人员核对单货，守护人员（门卫）凭票放行，账务人员（保管会计）核对账单（票）等。这些分散的复核形式，起到分项把关的作用，都有助于提高仓库发货业务的工作质量。

① 复核的内容。复核的内容主要包括：认真审查正式出库凭证填写的项目是否齐全，出库凭证的抬头、印鉴、日期等是否符合要求，复核货物的名称、规格、等级、产地、重量、数量、标志、合同号等是否正确。将正式出库凭证上所列项目逐一与备好的货物相对照，逐项复核、检查，看是否完全相符。如经反复核对确实不符，应立即调换并将原错误货物标志除掉，退回库房。检查包装是否有破损污染，标志、箱（包）号是否清楚，标签是否完好，配套是否齐全，技术证件是否齐备。需要计重、计尺的货物，要与提货人员一起过磅或根据货物的具体情况抽磅。复核结余货物数量或重量是否与保管账目、货物保管卡片上结余数相符，发现不符应立即查明原因。

复核的目的是要求出库货物手续完备，交接清楚，不错发、错运。出库货物经过复核无误后，方可发运。

② 复核的方法。复核常用的方法有人工复核法、条形码复核法和重量计算复核法三种。其中，人工复核法是由人工将出库货物逐个点数，查对条形码、货号、品名，并逐一核对出货单，进而检验出货质量及出货状况的方法。条形码复核法首先必须导入条形码，让条形码始终与货物同行。在复核时，只需要将所拣货物进行条形码扫描，计算机便自动将拣货资料输出进行对比，查对是否有数量和号码上的差异，然后在出货前再由人工进行整理和检查。

重量计算复核法是将货单上的货物重量自动相加求和，然后称出出库货物的总重量，将两种重量进行对比，可以检查发货是否正确。

（3）包装。出库的货物如果没有符合运输方式所要求的包装，应进行包装。根据商品外形特点，选用适宜的包装材料，其重量和尺寸应便于装卸和搬运。出库商品的包装要求干燥、牢固。如有破损、潮湿、捆扎松散等不能保障商品在运输途中是安全的，应负责加固整理，做到破包破箱不出库。另外，各类包装容器，若外包装上有水湿、油迹、污损，均不许出库；在包装中严禁互相影响或性能互相抵触的商品混合包装；包装后，要写明收货单位、到站、发货号、本批总件数、发货单位等。

（4）点交。商品经复核后，如果是本单位内部领料，则将商品和单据当面点交给提货人员，办清交接手续；如是送料或将商品调出本单位办理托运的，则与送料人员或运输部门办理交接手续，当面将商品交点清楚。交清后，提货人员应在出库凭证上签章。

（5）登账。点交后，保管人员应在出库单上填写实发数、发货日期等内容，并签名。然后将出库单连同有关证件资料，及时交给货主，以使货主办理货款结算。保管人员将留存的一联出库凭证交给实物明细账登记人员登记做账。

（6）清理。经过出库的一系列工作程序之后，实物、账目和库存档案等都发生了变化，应对其进行彻底清理，使保管工作重新趋于账、物、资金相符的状态。现场清理包括清理库存商品、库房、场地、设备和工具等；档案清理是指对收发、保养、盈亏数量和垛位安排等情况进行分析。

在整个出库作业程序中，复核和点交是两个最为关键的环节。复核是防止差错产生的重要和必不可少的措施；点交则是划清仓库和提货方两者责任的必要手段。

【做中学　学中做】

学生登录 http：//xnfz.lnve.net：9003/#/projectDetails？courseid=385 进行商品出库操作。

【思考与练习】

请思考货物可以什么形式出库，其出库流程大致如何？

任务五　成果汇报与考核评价

【任务目标】

1. 进行成果汇报，掌握成果汇报展示的方法并进行训练；
2. 评价各组的工作情况；
3. 评价过程中具有自学探究、严谨创新的工匠精神。

【实施条件】

虚拟仿真实训室，具备连接互联网的计算机。

【实施过程】

环节	操作及说明	注意事项及要求
环节一	以小组为单位交流汇报调研成果，组与组之间提出问题、交流问题，师生互动，要求PPT展示，每组限定时间。汇报要点如下： （1）货物入库流程。 （2）货物出库流程。 （3）货物分拣策略。 （4）虚拟仿真系统操作中出现的问题	汇报过程中小组之间注意发现问题，并及时提出问题，之后大家共同讨论解决问题
环节二	学生自评、互评，小组组长点评各个组员的工作成效	
环节三	指导教师给各组评分，并进行有针对性的点评，汇总各组成果。引导学生总结京东自营仓库货物进出库流程使用的先进技术、设备设施，同时，提升学生的国家荣誉感、民族自豪感，使学生具备严谨创新的工匠精神及职业素养	
环节四	考核评价	
环节五	反思与改进	

【课堂笔记】

【考核评价】

知识巩固与技能提高（40分）			得分：
计分标准： 得分 = 1×单选题正确个数 + 2×多选题正确个数 + 1×判断题正确个数			
学生自评（20分）			得分：
计分标准：初始分 = 2×A 的个数 + 1×B 的个数 + 0×C 的个数 得分 = 初始分/26×20			
专业能力	评价指标	自测结果	要求 （A 掌握；B 基本掌握； C 未掌握）
知识目标	1. 分拣作业的方法； 2. 仓储补货的方式及时机； 3. 存储管理的原则及措施； 4. 货物入库的基本流程； 5. 货物出库的基本要求和形式	A□ B□ C□ A□ B□ C□ A□ B□ C□ A□ B□ C□ A□ B□ C□	能够掌握分拣作业的方法；掌握仓储补货的方式及时机；了解仓储管理的原则及措施；掌握货品入库的基本流程，掌握货物出库的基本要求和形式

续表

能力目标	1. 制定仓储分拣作业策略； 2. 编制入库计划	A□　　B□　　C□ A□　　B□　　C□	能够制定仓储分拣作业策略；能够根据企业实际及库存情况编制入库计划
素质目标	1. 引导学生养成科学、严谨的工作态度； 2. 培养学生努力钻研的工匠精神； 3. 提升爱岗敬业的职业素养	A□　　B□　　C□ A□　　B□　　C□ A□　　B□　　C□	提升爱岗敬业的职业素养，引导严谨的工作态度，培养努力钻研的工匠精神
	小组评价（20分）		得分：
计分标准：得分 = 10×A 的个数 + 5×B 的个数 + 3×C 的个数			
团队合作	A□　　B□　　C□	沟通能力	A□　　B□　　C□
	教师评价（20分）		得分：
教师评语			
总成绩		教师签字	

项目五

库存商品养护业务

项目介绍

商品的养护作业是指根据仓库的实际条件,对不同商品进行保护和保存及对其质量进行控制的活动。在经营过程中,对商品进行养护不仅是技术问题,还是一个综合管理问题,可以创造商品的时间效用。商品的养护应根据其特性和形状,按有效的方法进行,为此要做好人、物、温度、湿度、养护等方面工作。

知识目标

- 了解仓库商品养护的含义与意义;
- 熟悉仓库商品养护的任务及目的;
- 掌握商品养护的策略;
- 辨析引起库存商品发生变化的因素;
- 掌握金属制品的保管与养护方法。

能力目标

- 能够从防和治两个方面入手掌握库存商品养护的措施;
- 能够掌握库存商品温、湿度控制的方法;
- 能够为库存商品发生的虫害和霉变找到防治办法;
- 能够掌握危险品的保管方法。

素质目标

- 引导学生养成科学、严谨的工作态度;
- 将安全意识等贯穿到教学各个环节。

工作情景导入

深圳恒温仓库的日常保养维护

恒温仓库是指能够调节温度并能够保持某一温度的仓库。恒温仓库用来储存葡萄酒、红酒、罐头、水果、蔬菜、鲜花等物品。在寒冷、酷热的地区和季节,类似上述的物品需要在恒温状态下保管。例如,深圳夏无酷暑,冬无严寒,阳光充足,许多产品在恒温仓库中才能长久储存。

电商的快速发展使恒温仓库成为跨境电商的好伙伴。例如,深圳市嘉禾云仓储运有限公司使用的就是专业的恒温仓库。恒温仓库不仅可以储存葡萄酒等对温度敏感的产品,还可以储存其他食品。恒温仓库的温度规定为22 ℃±5 ℃,湿度规定为30%~70%。由于具有较高的要求,所以,恒温仓库的日常维护保养非常关键。下面介绍恒温仓库的日检、周检和月检。

(1) 日检。

①检查各紧固件的螺栓、弹簧垫是否紧固齐全。

②检查各电气设备,如电动机、开关等声音是否正常,温度是否超限。

③检查处理电缆接线中鸡爪子、羊尾巴、明接头等问题。

④检查信号照明系统的性能及电缆接线情况,符合完好标准和保护系统灵敏可靠。

⑤检查维护采煤机电缆和电缆夹板及底槽电缆,不得有电缆吃劲、受力和从底槽挤出的情况。

⑥检查试验馈电开关、移动变电站,检查馈电开关的漏电、过流、接地三大保护是否灵敏、可靠、齐全,并填写试验记录。

⑦每班必须做一次煤电钻综合保护装置的试验记录,并做好记录。

⑧检查备用电气设备是否达到完好状态。

⑨清扫设备,如实、认真填写检修记录。

(2) 周检。

①检查电动机的接线柱是否紧固,有无烧伤痕迹。

②检查电动机的绝缘状况,并做好记录。

③检查各控制设备腔内的螺栓是否紧固,检查是否有烧伤痕迹,更换损坏元件并做好记录。

④检查各种设备元件和接线端子是否有松动与挤坏现象。

⑤检查采煤机、电动机、电控箱等各种元件的工作状况,以及是否有螺栓松动、受潮锈蚀等现象。

⑥如实、认真填写检修记录。

(3) 月检。

①检查各电气设备开关、接线盒电缆插销、防爆面清洁度、防爆间隙是否符合规定,并进行除锈工作。

②测量电动机、开关、变压器绝缘电阻值,对继电器保护装置进行检查和整定。

③测量低压网络的绝缘电阻值,更换绝缘程度低和轴承损坏严重的电机。

④给电动机轴承注油。

⑤检查移动变电站高压侧和低压侧各接线极及电气设备是否完好,检查有无烧痕,更换损坏元件。

⑥如实、认真填写检修记录。

恒温仓库如果能做好以上三方面的日常维护,那么其就是一个合格的恒温仓库。

(资料来源:https://www.sohu.com/a/282184034_120049723)

通过上述资料思考:什么是仓库保养?进行库存商品保养的任务是什么?不同的库存商品都有哪些养护方法?

任务一 商品养护认知

【任务目标】

1. 结合库存商品掌握其养护策略;
2. 能够从防和治两个方面入手掌握库存商品养护的措施;
3. 引导学生养成科学、严谨的工作态度。

【实施条件】

虚拟仿真实训室,具备连接互联网的计算机。

【实施过程】

环节	操作及说明	注意事项及要求
环节一	通过学习通平台进行微课学习;阅读相关知识;根据商品属性熟悉商品养护常识,掌握相应的养护策略。具体内容如下: (1) 教师发布任务,学生学习微课视频,做课前测试题,并以小组为单位试做任务。	(1) 以室内调查为主,主要通过网络、图书馆、电话咨询等方式进行调研。

续表

环节	操作及说明	注意事项及要求
环节一	（2）利用课程平台发布任务。 （3）小组试做，在熟悉仓库商品养护的任务及目的的基础上为任务商品制定相应的养护策略及实施适当的养护措施。 （4）小组讨论商品养护的最佳方案	（2）活动以学生分组的形式进行，小组成员注意分工协作，各司其职，按时完成任务
环节二	小组展示，教师引导	
环节三	（1）根据学生试做情况，发现学生知识的薄弱之处，明确任务难点。 （2）教师引导各小组修改优化商品养护方案。 （3）通过教师引导学习，突破教学重难点	

【知识链接】

请扫码阅读知识链接。

商品的养护

【知识内化】

商品由生产部门进入流通领域后，需要分别对不同性质的商品，在不同储存条件下采取不同的技术措施，以防止其质量劣化。由于构成产品的原料不同，性质各异，受到相关自然因素影响而发生质量变化的规律与物理、化学、生物、微生物、气象、机械、电子、金属学等多门学科有密切的联系。所以，从事商品库存的工作人员要掌握相关知识，才能保护好库存商品。

1. 商品养护的含义、任务及目的

（1）商品养护的含义。商品养护是指商品在储存过程中所进行的保养和维护。从广义上说，商品从离开生产领域而未进入消费领域之前这段时间的保养与维护工作，都称为商品养护。商品养护是一项综合性、科学性应用技术工作。"预防为主，防治结合"是商品养护的基本方针。

（2）商品养护的任务。商品养护的基本任务就是面向库存商品，根据库存数量多少、发生质量变化速度、危害程度、季节变化，按轻重缓急分别制订相应的技术措施，使货物质量不变，以求最大限度地避免和减少商品损失，降低保管损耗。

要做好商品的养护工作，首先必须研究导致商品在物流过程中发生质量变化的两个因素：一是商品本身的自然属性，即商品本身的结构、成分和性质，这是商品质量变化的内因；二是商品所处的环境，包括温度、湿度、氧气、阳光、辐射、微生物等，这是商品质量变化的外因。

因此，商品养护的基本任务主要有两个方面：一方面是研究商品在物流过程中受内外因素的影响情况以及其质量发生变化的规律；另一方面也是更重要的，是研究保障商品质量安全的科学养护方法，以保护商品的使用价值和价值，避免或减少商品损失。

（3）商品养护的目的。商品养护的目的就是认识商品在储存期间发生质量劣化的内外因素和变化规律，研究采取相应的控制技术，以维护其使用价值不变，避免和减少商品损失，保障企业经济效益的实现。同时，还要研究制定商品的安全储存期限和合理的损耗率，以提高企业管理水平。

随着社会主义现代化建设事业的蓬勃发展，我国的国际地位不断提高，特别是加入 WTO 后，我国对外贸易大幅增长。在这种情况下，保证和维护商品质量不仅是商品管理工作的重要内容，而且关系到我国产品的声誉和市场前景。因此，商品养护的重要性日益显现。

由于科学技术日新月异，新商品层出不穷，对商品养护的要求也越来越高。因此，需要不断地学习、了解各种新产品、新材料的性质，学习、借鉴各种新的养护技术与方法，推动商品养护技术科学化的进程，保证商品的质量安全。这既能锻炼和提高员工素质，也是企业适应学习型社会的重要体现。

2. 商品养护的意义

近年来，随着新经济时代的到来，市场竞争的加剧而对物流生产企业带来的压力迫使它们不得不提高自身产品的质量和服务，并在这一过程中最大限度地降低生产成本、提高生产效率，以加大自身的市场竞争力。物流生产企业毕竟是生产企业而不是专业的物流企业，而且对商品养护问题并没有深刻的认识，商品问题已经逐渐成为大部分生产企业发展的"瓶颈"，没有选择合理的商品养护措施会削弱企业的核心竞争能力。商品养护是发展物流活动的关键环节，也是重点发展的产业之一，其发展势头和潜力是巨大的。商品养护在政府实施宏观调控政策的推动下，提升了其运作效率和管理水平，凸显了其良好的发展势头。

（1）商品养护投入加大，业务收入增长速度较快。随着物流的迅速发展和社会的需求变化，企业营运业务量不断增大，货物吞吐量、平均库存量、货物周转次数等指标都有明显的提高。物流商品企业业务收入的增长速度很快，仓储保管收入、运输配送收入、流通加工收入等年增幅基本达到了20%。

（2）商品养护技术获得较快发展。自动化技术和信息技术的应用已经成为仓储技术的重要支柱，自动货架、自动识别和自动分拣等系统，以及条形码技术、RF技术已经被越来越多的企业所关注和应用。供应商管理库存、零库存等技术也开始在一些大型企业中使用。

（3）商品物流企业之间的竞争加剧。目前，许多企业物流设施无法满足物流活动的需要，原有的物流商品企业缺乏改造基础设施需要的资金，许多国外物流公司纷纷投资建库。许多大型企业也不断建设现代化仓库作为发展物流的平台。这种趋势加大了仓储物流商品企业之间的竞争力度。

（4）商品物流企业的业态划分格局更加清晰明确。根据市场需要、企业自身优势，物流商品企业将会进一步细化、明确企业定位，由过去的传统物流商品养护服务，进行重新理性思考，根据发达国家的成熟经验、市场环境与自身资源条件选择合适的经营业态，市场上将会涌现一批专业化的公共物流商品养护中心、规模化的配送中心、辐射功能强大的集散中心、合同式的原材料供应中心，逐渐形成专业化的商品养护中心。

3. 商品的属性

要做商品养护工作，首先要知道商品的属性，才能对其进行专门的养护，因为每一种商品的属性不尽相同，如金属类的商品，它的养护主要有防锈、防腐、防尘、防变形、防氧化等，对于此类商品就要采取一些防护措施，如上机油、包上塑料袋等。

物品的品种繁多，特征各异，仓储时有必要按照物品的特性，科学归纳为类、组、品目、品种，便于物品养护。分类是十分重要的工作，它必须既能达到分类的目的，又能明显地区分开分类对象的类别。

（1）按物品自然特性分类。

①易吸潮物品。易吸潮物品是指能吸收空气中的水蒸气或水分的物品，如茶叶、香烟、糖、香菇、粮食等。

②易吸味物品。易吸味物品是指容易吸附外界异味的物品，如茶叶、香烟、大米、木耳、饼干等。常见的容易引起其他商品串味的商品有樟脑、香皂、汽油等。

③易吸尘物品。易吸尘物品是指容易吸收周围环境中灰尘的物品，如纤维物品、液体物品、食品等。

④扬尘性物品。扬尘性物品是指极易飞扬尘埃的物品，如矿粉、炭黑、染料等。

⑤受热易变形物品。受热易变形物品是指环境温度超过一定值时，会引起形态变化的物品，如石蜡、松香、橡胶等。

⑥自行发热性物品。自行发热性物品是指在不受外来热源影响下会自行发热的物品,如油纸、棉花、煤炭等。

⑦易锈蚀物品。易锈蚀物品是指在环境中易于生锈而毁损的金属类物品,如金属罐头食品、铁桶物品、钢材等。

⑧易碎物品。易碎物品是指机械强度低、质脆易破的物品,如玻璃及其制品、陶瓷品、精密仪器等。

(2) 危险性物品。危险性物品是指具有易燃、易爆、腐蚀、毒害和放射性等性质,在装卸搬运、仓储和运输过程中能引起人身伤亡、财产毁损的物品。危险品标志如图5-1所示。

图5-1 危险品标志

①爆炸品。爆炸品具有猛烈的爆炸性,有三硝基甲苯(TNT)、苦味酸、硝酸铵、叠氮化物、雷酸盐、乙炔银等。

②氧化剂。氧化剂具有强烈的氧化性,可分为一级无机氧化剂、一级有机氧化剂、二级无机氧化剂、二级有机氧化剂等。

③压缩气体和液化气体。压缩气体和液化气体可分为剧毒气体、易燃气体、助燃气体、不燃气体等。

④自燃物品。自燃物品暴露在空气中,依靠自身的分解和氧化产生热量,使其温度升高到自燃点,如白磷等。

⑤遇水燃烧物品。遇水燃烧物品遇水或在潮湿空气中能迅速分解,放出易燃、易爆气体,如电石等。

⑥易燃液体。易燃液体极易挥发成气体,遇明火即燃烧。闪点在45 ℃以下的称为易燃液体;在45℃以上的称为可燃液体(可燃液体不纳入危险品管理)。

一级易燃液体闪点在28 ℃以下(包括28 ℃),如乙醚、汽油、甲醇、乙醇、苯等;二级易燃液体闪点在29 ℃~45 ℃(包括45 ℃),如煤油等。

⑦易燃固体。易燃固体燃点低，如硫黄、萘等。

⑧毒害品。毒害品具有强烈的毒害性，少量进入人体或接触皮肤即能造成中毒甚至死亡，如氰化物等。

⑨腐蚀物品。腐蚀物品具有强腐蚀性，如硫酸、盐酸、硝酸等。

⑩放射性物品。放射性物品具有放射性，如放射性矿石等。

4. 商品养护的措施

商品养护是流通领域各部门不可缺少的重要工作之一。应在此过程中贯彻"以防为主、防重于治、防治结合"的方针，达到最大限度地保护物品质量，减少物品损失的"四保"要求。防是指不使物资发生质量上的降低和数量上的减损；治是指物资出现问题后采取救治的方法。防和治是物资养护不可缺少的两个方面。具体要求如下：

（1）建立健全必要的规章制度。为做好物资的养护工作，应建立健全相应的规章制度。如岗位责任制，以便明确责任，更好地按照制度的要求，完成养护工作。

（2）严格验收入库商品。商品入库验收时，一定要核对商品的品种、规格和数量与货单是否相符；同时，检查商品的包装是否完好，有无破损；检验商品温度与含水量是否符合入库要求；检验商品是否发生虫蛀、霉变、锈蚀、老化等质量变化。

（3）掌握商品的性能，合理安排储存场所。由于不同商品性能各异，对保管条件的要求也有所不同。分区分类、合理安排储存场所是商品养护工作的一个重要环节。如怕潮湿或易霉变、易生锈的商品，应存放在较干燥的库房里；遇热易熔化、发黏、挥发、变质后易发生燃烧的商品，应存放在温度较低的阴凉场所；一些既怕热又怕冻，且需要较大湿度的商品，应存放在冬暖夏凉的楼下库房或地窖里。另外，性能相互抵触或易串味的商品不能在同一库房混存，以免相互产生不良影响。尤其对于化学危险商品，要严格按照有关部门的规定，分区分类安排储存地点。

（4）有效的苫垫堆码工作。根据商品的性能、包装特点和气候条件做好苫垫堆码工作。应将物资的垛底垫高，有条件的可以用油毡纸或塑料薄膜垫作隔潮层。堆放在露天货场的物资，货区四周应设有排水渠道，并将货物严密苫盖，防止积水与日晒雨淋。选择适当的堆码方式，如采用行列式、丁字形、井字形、围垛式等堆成通风垛。

（5）加强仓库温度和湿度的管理。仓库的温度和湿度对商品质量变化的影响极大，是影响各类商品质量变化的重要因素。各种商品由于其本身特性，对温度和湿度一般有一定的适应范围，有安全湿度和安全温度的要求。超过这个范围，商品质量就会发生不同程度的变化。因此，应根据库存商品的性能要求，适时采取密封、通风、吸潮和其他控制方式调节温度、湿度，力求将仓库温度和湿度保持在适应商品储存的范围内，以保证商品质量安全。

（6）搞好仓库环境卫生。为使商品安全储存，必须保持环境卫生。库区要铲除杂草，及时清理垃圾；库房的各个角落均应清扫干净，做好物资入库前的清仓消毒工作，将库房的清洁卫生工作持久化、制度化，杜绝一切虫鼠生存的空间，做好有效的防治工作。

（7）做好在库商品的检验工作。做好商品在库检查，对维护商品安全具有重要的作用。对在库商品，应根据其本身特性及质量变化规律，结合气候条件和储存环境，实行定期或不定期检查，及时掌握物资质量变化的动态，发现问题及时解决。如不能及时发现并采取措施进行救治，就会造成或扩大损失。因此，对库存商品的质量情况，应进行定期或不定期的检查。检查应特别注意商品温度、水分、气味、包装物的外观及货垛状况是否有异常。

5. 商品养护的基本策略

任何商品只能在一定的时间内、一定的条件下保持其质量的稳定性，即基本保持其使用价值和价值。当商品经过一定的时间或各种条件发生变化时，其质量就会发生变化，这种情况在流通各个环节中都可能出现。商品的种类不同，其质量变化的方式、速度、程度也不同。商品本身的因素和物流环境条件决定了商品质量变化的程度，同时，也决定了商品流通的时间界限。商品越容易发生质变，它对物流条件的要求就越严格。因此，对于易发生质量变化的商品，进行适当的商品养护就变得非常重要。

（1）基本策略。"以防为主，防治结合"是商品养护工作的基本策略。

①"防"是为了避免或减少商品在物流过程中的质量劣化和数量损耗所采取的积极预防措施。有效地控制商品质量和数量的变化，将质量事故消灭在萌芽阶段，减少被动因素，防患于未然，可以起到事半功倍的效果。具体的措施有对商品流通过程的温度和湿度进行控制、通风、密封，采用新的包装材料和技术等。

②"治"是指商品出现轻微质量问题后及时救治，是商品面临更大损失时所采取的挽救措施。"治"的具体措施有轻微霉变后的晾晒、金属锈蚀后的除锈等。

（2）"防"和"治"的关系。

①"防"和"治"是商品养护不可缺少的两个方面。"防"是主动的，能达到最大限度地保护商品质量、减少商品损失的目的。因此，必须做到防得早、防得好，工作要细致周密，并渗透到物流的每个环节。特别要注重预防燃烧、爆炸、火灾、污染等恶性事故和大规模损害事故的发生，及时发现和消除事故隐患。发现损害现象时，要及时采取有效措施，防止损害扩大，减少损失。

②"防"是商品养护的前提和基础。做好"防"可以减少"治"或避免"治"，最大限度地减少商品损失，因此"防"是商品养护的前提和基础，要千方百计地做好"防"。但是一旦发生了质量问题，就必须进行及时、有的放矢的"治"，如果"治"的方法恰当、

"治"得及时,也可以避免商品的使用价值和价值受到更大的影响,从而减少损失。

【做中学　学中做】

多项选择题

1. 商品保护的意义是（　　）。

   A. 商品养护投入加大,业务收入增长速度较快

   B. 商品养护技术获得快速发展

   C. 商品物流企业之间的竞争加剧

   D. 商品物流企业的业态划分格局更加清晰明确

   E. 做好在库商品的检验工作

2. 按商品的自然特性分类可以分为（　　）。

   A. 易吸潮商品　　B. 易吸尘商品　　C. 扬尘性商品　　D. 爆炸商品

   E. 易碎商品

3. 下面属于危险性商品的是（　　）。

   A. 氧化剂　　B. 自燃商品　　C. 易燃液体　　D. 易燃固体

   E. 自行发热性商品

4. 下面是物理变化的是（　　）。

   A. 串味　　B. 玷污　　C. 渗漏　　D. 老化

   E. 溶化

5. 下面是化学变化的是（　　）。

   A. 氧化　　B. 分解　　C. 挥发　　D. 风化

   E. 聚合

【思考与练习】

请思考在仓库中商品养护的措施及策略。

任务二　库存保管与养护业务

【任务目标】

1. 结合商品属性辨析引起库存商品发生变化的因素；
2. 掌握危险品的保管方法；
3. 培养学生的探索精神和安全意识。

【实施条件】

虚拟仿真实训室，具备连接互联网的计算机。

【实施过程】

环节	操作及说明	注意事项及要求
环节一	通过学习通平台进行微课学习；阅读相关知识；熟悉引起库存商品发生变化的因素，并掌握常见库存商品的保管及养护方法。具体内容如下： （1）教师发布任务，学生学习微课视频，做课前测试题，并以小组为单位试做任务。 （2）利用课程平台发布任务。 （3）小组试做，根据不同商品的属性来辨析引起库存商品发生变化的原因并找到适当的保管及养护方法。 （4）小组讨论危险品的最佳保管方法	（1）以室内调查为主，主要通过网络、图书馆、电话咨询等方式进行调研。 （2）活动以学生分组的形式进行，小组成员注意分工协作，各司其职，按时完成任务
环节二	小组展示，教师引导	
环节三	（1）根据学生试做情况，发现学生知识的薄弱之处，明确任务难点。 （2）教师引导各小组修改并优化商品养护方案。 （3）通过教师引导学习，突破教学重难点	

【知识链接】

请扫码阅读知识链接。

危险品的储存与保管

【知识内化】

仓库商品在储存保管期间会发生各种质量变化，商品养护的目的是维护商品的质量，保护商品的使用价值。采用科学养护方法来安全储存商品，以保证商品的质量，避免和减少商品损失是至关重要的。

1. 常见库存商品保管与养护

（1）温度、湿度的控制。

①通风。通风就是采用自然或机械方法来加快空气流通，使空气可以穿过、到达密封的环境内，以产生卫生、安全等适宜空气环境的技术。如利用大量干燥的空气可降低货物中的含水量；利用低温空气可降低货物温度；通风还可以增加空气氧气的含量，消除货物散发的有害气体的作用，如造成人窒息的二氧化碳，使金属生锈的二氧化硫、酸气等。当然，通风也会将空气中的水分、尘埃、海边空气中的盐分等带入仓库中，影响货物质量。

②温度控制。除冷库外，仓库的温度直接受天气温度的影响，库存货物的温度也就随天气温度同步变化。温度高时，货物会发生熔化、膨胀、软化，容易腐烂变质、挥发、老化、自燃，甚至发生物理爆炸；温度太低时，又会发生变脆、冻裂、液体冻结膨胀等。一般来说，绝大多数货物在常温下都能保持正常的状态，普通仓库的温度控制主要是避免阳光直接照射货物。

仓库遮阳采用仓库建筑遮阳和苫盖遮阳。对于怕热货物，应存放在仓库内阳光不能直接照射的货位。对温度较敏感的货物，在气温高时可以采用洒水降温，包括采取直接对货物洒水的方法；对于怕水货物，可以向苫盖、仓库屋顶洒水来降温。在日晒减少的傍晚或夜间，将堆场货物的苫盖适当揭开通风，也是对露天堆场货物降温保管的有效方法。货物自热是货物升温损坏的一个重要原因，对于容易自热的货物，应经常检查货物温度，当发现升温时，可以采取加大通风、洒水等方式降温，或翻动货物散热降温。必要时，可以采取在货垛内存放冰块、释放干冰等措施降温。

在严寒季节气温极低时，可以采用加温设备对货物加温防冻。对突至的寒潮，可以在寒潮到达前对货物进行保暖苫盖，也具有短期保暖效果。

③湿度控制。湿度是表示大气干燥程度的物理量。在一定的温度下，一定体积的空气里含有的水汽越少，则空气越干燥，水汽越多，则空气越潮湿。仓库保管中的湿度控制包括货物湿度和空气湿度。对货物湿度可采用含水量指标表示；对空气湿度可采用百分比表示，有绝对湿度和相对湿度两种方式；对空气中的水汽结露成水珠则采用露点来表示。

其一，货物湿度。货物湿度是指货物的含水量，对货物质量有直接影响。含水量高，则容易发生霉变、锈蚀、降解、发热，甚至是化学反应等；含水量太低则会发生干裂、挥发、容易燃烧等危害。控制货物的含水量是货物保管的重要工作。

其二，空气湿度。空气湿度用绝对湿度和相对湿度两种方式表示。绝对湿度是指空气中含水汽量的绝对数，用帕（Pa）或克/立方米（g/m^3）表示，如25 ℃时，空气最高绝对湿度（也称为饱和湿度）为22.80 g/m^3。温度越高，空气中水分子的动能越大，空气含水汽的能力就越强，空气的绝对湿度就会越高。相对湿度则是空气中含有的水汽量与相同温度下空气能容纳的最大水汽量的百分比，最大时为100%。相对湿度越大，表明空气中的水汽量距离饱和状态越接近，表示空气越潮湿；相反，相对湿度越小，表明空气越干燥。

其三，露点。露点是指在固定气压之下，空气中所含的气态水达到饱和而凝结成液态水所需要降至的温度。在这一温度下，凝结的水飘浮在空中称为雾，而沾在固体表面上时则称为露，因而得名露点。露点用温度表示，如果气温下降到露点以下，空气中的水汽就会在物体表面凝结成水滴，俗称"汗水"，会造成货物的湿损。

对于湿度的控制，首先，应做好监测工作。仓库应经常进行湿度监测，包括空气湿度监测和仓内湿度监测。一般每天早、晚各监测一次，并做好记录。其次，做好空气湿度太低时的处理措施。空气湿度太低，意味着空气太干燥，应减少仓库内空气流通，采取洒水、喷水雾等方式增加仓内空气湿度。最后，做好空气湿度太高时的处理措施。封闭仓库或者密封货垛，避免空气流入仓库或货垛；或者在有条件的仓库中采用干燥式通风、制冷除湿；在仓库或货垛内施放吸湿材料，如生石灰、氯化钙、木炭等。

(2) 虫害的防治。仓库的害虫不仅蛀食动植物商品和包装，而且还能危害塑料、化学纤维等化工合成商品。因此，仓库虫害的防治工作是商品养护的一项十分重要的工作。

①杜绝仓库虫害的来源。仓库一旦发生虫害，必然造成极大危害。因此，必须加强入库验收，应根据具体情况将商品分别入库，隔离存放。在商品储存期间，要定期对易染虫害的商品进行检查，做好预测、预报工作。做好日常的清洁卫生工作，铲除库区周围的杂草，清除附近沟渠污水，同时辅以药剂进行空库消毒，在库房四周1 m范围处用药剂喷洒防虫线，有效杜绝虫害的来源。

②物理防治。物理防治就是利用物理因素（光、电、热、冷冻、原子能、超声波、远红外线、微波及高频振荡等）破坏害虫的生理机能与机体结构，使其不能生存或抑制其繁殖。常用的方法如下：

a. 灯光诱集。灯光诱集就是利用害虫对光的趋向性，在库房内安装诱虫灯，晚上开灯时，使趋光而来的害虫被迫随气流吸入预先安置的毒瓶中（瓶内盛少许氰化钠或氯化钾）使其中毒而死。

b. 高温杀虫。高温杀虫就是将温度上升至 40 ℃以上，使害虫的活动受到抑制，其繁殖率下降，进入热麻痹状态，直至死亡。

c. 低温杀虫。低温杀虫就是将环境温度下降，让害虫机体的生理活动变得缓慢，使其进入冷麻痹状态，直至死亡。

d. 电离辐射杀虫。电离辐射杀虫就是用几种电离辐射源放射出来的 X 射线、γ 射线或快中子射线等，杀伤害虫或使其不育。

e. 微波杀虫。微波杀虫就是在高频电磁场的微波作用下，使害虫体内的水分、脂肪等物质激烈地振荡以产生大量的热量，直至其体温升至 68 ℃时死亡。此种方法处理时间短，杀虫效力高。

另外，还可使用远红外线、高温干燥等方法进行防虫。

③化学防治。化学防治就是利用化学药剂直接或间接毒杀害虫的方法。常用的药剂有以下几种：

a. 杀虫剂。一些杀虫剂接触虫体后，能穿透表皮进入体内，使害虫中毒死亡，为触杀剂，如敌敌畏、六六六等；还有一些杀虫剂可配制成诱饵，被害虫吞食后通过胃肠吸收进入体内，使其中毒死亡，为胃毒剂，如亚砒霜、亚砒霜钠等。

b. 熏蒸剂。化学药剂所散发的毒气通过害虫的气门、气管等进入体内，使其中毒死亡。常用的熏蒸剂有磷化铝、溴甲烷、氯化苦等。

c. 驱避剂。利用固体药剂（萘、樟脑精、对位二氧化苯等）发出的刺激性气味与毒性气体，在商品周围保持一定的浓度，使害虫被毒杀或不敢接近商品。

在化学防治中，常选用对害虫有较高毒性的药剂，同时选择害虫处于抵抗力最弱的时期施药。施药时，应严格遵守药物使用规定，注意人身安全和被处理商品、库房建筑及备品用具的安全。应采取综合防治与轮换用药等方法，以防止害虫产生抗药性。

（3）霉变的防治。霉变是仓储商品的主要质量变化形式。霉变产生的条件有：商品受到霉变微生物污染；商品中含有可供霉变微生物利用的营养成分（如有机物构成的商品）；商品处在适合霉变微生物生长繁殖的环境下。霉菌往往寄生于能供给它养料的有机材料中，如木、皮革、皮棉、麻制品等。要想防治霉变，必须根据霉菌的生理特点和生长繁殖的环境条件，采取相应的措施，抑制或杀灭霉菌微生物。

①常规防霉。常规防霉可以采用低温防霉法与干燥防霉法。低温防霉法就是根据商品的不同性能控制和调节仓库温度，使商品温度降至霉菌生长繁殖的最低温度界限以下，抑制霉菌的生长；干燥防霉法就是降低仓库环境中的湿度和商品本身的含水量，使霉菌得不到生长繁殖所需要的水分，达到防霉变的目的。

②药剂防霉。药剂防霉是将对霉变微生物具有杀灭或抑制作用的化学药品散加或喷洒到商品上，如苯甲酸及其钠盐对食品的防腐，托布津对果菜的防腐保鲜，以及水杨酰苯胺与五氯酚钠等对各类日用工业品和纺织品、服装鞋帽等的防腐。

防霉药剂能够直接干扰霉菌的生长繁殖。理想的防霉药剂应具有灭菌效果好、对人的毒害小的特点，常用的有水杨酰苯胺、五氯酚钠、氯化钠、多菌灵、托布津等。

③气相防霉。气相防霉就是利用气相防霉剂散发出的气体，抑制或毒杀商品上的霉菌，是一种较先进的防霉方法。其方法是将挥发物放在商品的包装内或密封垛内。

对已经发生霉变但可以救治的商品，应立即采取措施，根据商品性质可选用晾晒、加热消毒、烘烤、熏蒸等办法，以减少损失。

(4) 防老化技术。高分子化合物又称大分子化合物、"高聚物"，是由许多结构相同的单元组成，分子量高达数万乃至数百万以上的有机化合物。以这种化合物为主要成分的商品称为高分子商品，如塑料、橡胶、合成纤维等。高分子商品在储存和使用过程中出现发黏变硬、脆裂、失光、变色等现象，以及丧失其应有的物理和力学性能的现象，称为老化。导致高分子商品老化的外界环境因素主要是光（特别是紫外线）、氧气、热、水和溶剂、外力、生物等。延缓高分子商品的老化，应尽量避免其与不良环境因素的接触，如采取遮光、控氧、防热、防冻、防机械损伤、防虫霉、防腐蚀等措施。

2. 金属制品的保管与养护

金属制品在储存期间发生锈蚀是常见的现象，但它不仅影响外观质量，造成商品陈旧，而且使其机械强度下降，从而降低其使用价值，严重者甚至报废。如各种刀具因锈蚀而在其表面形成斑点、凹陷，难以平整并保持锋利；精密量具锈蚀，可能会影响其使用的精确度。因此，要对这类商品进行养护处理。

(1) 选择适宜的保管场所。保管金属制品的场所，无论是库内还是库外，均应保持清洁干燥，不得与酸、碱、盐类气体和粉末等商品混存。不同种类的金属制品在同一地点存放时，也应有一定的间隔距离，以防止发生接触腐蚀。

在储存过程中，引起金属制品发生锈蚀的因素有金属制品本身原材料结构不稳定、化学成分不纯、物理结构不均匀等内部因素，也有空气温度和湿度、锈蚀性气体、金属表面尘埃等外部因素。储存金属制品的仓库，应干燥通风，远离有害气体，严禁与化学药品、酸碱物质或化工商品及含水量比较高的商品同库储存。

金属制品应分类、有序地存放，货架与货架之间、货架与墙壁之间应有一定的安全距离。不便放在货架上的大件物品，不宜直接放在地上，应下垫枕木或方石，并在其与枕木或方石间垫上油纸或油毛毡。

（2）温度和湿度防护。所有金属及其制品都有其适宜的储存温度和湿度范围。一般仓库的温度要保持在 18 ℃ ~ 25 ℃，相对湿度保持在 70% 以下。控制和调节仓库温度和湿度的常用方法有通风、密封、吸潮等。

①注意通风防护。通风是指根据空气流通的规律，有计划、有目的地实行仓库内外空气的交换，达到调节空气温度和湿度以适应金属储存的目的。通风的方法有自然通风法和机械通风法。在实际工作中，当库外温度和湿度都低于库内，或者库内外温度相同而库外湿度低，或者库内外湿度相同而库外温度低时，都可以通风。

②搞好密封防护。密封是指利用防潮、绝热、不透气的材料将储存物品严密封闭起来，以隔绝空气，降低或减小空气温度和湿度对金属的影响，从而达到安全储存的目的。密封的形式有整库密封、整垛密封、整柜密封、整件密封等，在仓库中主要采用前两种形式。

③做好吸潮防护。吸潮是指在阴雨天气或雨季，库内外湿度都比较大、不易通风时，在库房密封条件下利用机械或吸潮剂来降低库内湿度的方法。机械降湿是使用去湿机的蒸发器将库内空气中的水分凝成水滴排出，将冷却干燥的空气送入库内，如此不断循环，排除水分，促使库内降湿。

（3）塑料封存。塑料封存就是利用塑料对水蒸气及空气中腐蚀性物质的高度隔离性能，来防止金属制品在环境因素作用下发生锈蚀。常用的方法如下：

①塑料薄膜封存。将塑料薄膜直接在干燥的环境中封装金属制品，或封入干燥剂以保持金属制品的长期干燥，不致锈蚀。

②收缩薄膜封存。将薄膜纵向或横向拉伸几倍，处理成收缩性薄膜，使得包装商品时其紧紧黏附在商品表面，既防锈又可减小包装体积。

③可剥性塑料封存。以塑料为成膜物质，加入增塑剂、稳定剂、缓蚀剂及防霉剂等进行加热熔化或溶解，喷涂在金属表面，待冷却或挥发后在金属表面可形成保护膜，可阻隔腐蚀介质对金属制品的作用，达到防锈的目的，这是一种较好的防锈方法。

（4）涂油防锈。涂油防锈是金属制品防锈的常用方法。它是在金属表面涂刷一层油脂薄膜，使商品在一定程度上与大气隔离开，达到防锈的目的。这种方法省时、省力、节约、方便，且防锈性能较好。涂油防锈一般采取按垛、按包装或按件涂油密封。涂油前必须清除金属表面的灰尘污垢，涂油后应及时包装封存。

防锈油是以油脂或树脂类物质为主体,加入油溶性缓蚀剂所组成的暂时性防锈涂料。防锈油中的油脂或树脂类物质为涂层和成膜物质,常用的有润滑油、凡士林、石蜡、沥青、桐油、松香及合成树脂等能溶于油脂的表面活性剂。将金属制品浸涂或涂刷防锈油,可以在一定的时间内隔绝大气中的氧气、水分及有害气体对金属制品的侵蚀,以防止或减缓锈蚀。

(5)气相防锈。气相防锈是利用挥发性缓蚀剂,在金属制品周围挥发出缓蚀气体,来阻隔腐蚀介质的腐蚀作用,以达到防锈目的。气相防锈材料利用自身可持续产生的抗锈蚀性气体,抑制包装物或包装封闭空间内的锈蚀反应机能,以此保护包装材料内的金属制品。在这种特殊的包装材料内,气相防锈剂分子迅速扩散,并附着在金属表面,形成保护膜,切断了金属离子从阳极向阴极的位移。气相防锈剂粒子还可根据外部环境自动调节,使金属与外界的水分、酸、盐分等完全隔离,杜绝了金属锈蚀的条件。

气相防锈剂在使用时不需涂在金属制品表面,只用于密封包装或容器中。因其是挥发性物质,在很短时间内就能充满包装或容器内的各个角落和缝隙,既不影响商品外观,也不影响商品使用,又不污染包装,所以它是一种有效的防锈方法。

金属制品的养护处理方法各不相同,在选择防锈材料及方法时,应根据商品的特点、储存环境条件、储存期的长短等因素来确定,同时,还要考虑相关的成本及防锈施工的难易,以获得较好的防锈效果。

(6)涂层与涂料处理。对金属进行锈蚀防护,也经常采用在金属表面涂层保护的方法,前面介绍的涂油防锈就是其中的一种。这里主要介绍热喷涂、电镀、钢铁氧化和金属磷化4种方式。

①热喷涂。热喷涂是采用专用设备将某种固体材料熔化并使其雾化,加速喷射到机件表面,形成特制薄层,以提高机件耐腐蚀、耐磨、耐高温等性能的一种工艺方法。该涂层因涂层材料的不同可实现耐高温锈蚀、抗磨损、隔热、抗电磁波等功能。

热喷涂涂层材料一般有粉状、带状、丝状或棒状等形状,可根据需要选择;进行热喷涂前,应进行去油、除锈、表面粗糙化等基体表面预处理;喷涂后,要立即进行封闭处理或热处理,并进行精加工。

②电镀。电镀是利用电解作用,将具有导电性能的工件表面与电解质溶液接触并作为阴极,通过外电流的作用,在工件表面沉积与基体牢固结合的镀覆层,并赋予制品特殊的表面性能,如美丽的外观、较强的耐腐蚀性或耐磨性、较大的硬度、反光性、导电性、磁性、可焊性等。

③钢铁氧化。钢铁的氧化处理又称发蓝,也称发黑,是将钢铁在空气中加热或直接浸于浓氧化性溶液中,使其表面产生极薄的氧化物膜的材料保护技术。根据处理温度的高低,钢

铁化学氧化法可分为高温化学氧化（碱性化学氧化）法和常温化学氧化（酸性化学氧化）法。

钢铁工件通过化学氧化处理得到的氧化膜虽然能提高耐腐蚀性，但其防护性仍然较差，经涂油、涂蜡或涂清漆后，其耐腐蚀性和抗摩擦性能有所改善，故氧化后还需要进行皂化处理、浸油或在铬酸盐溶液里进行填充处理。

④金属磷化。金属的磷化处理就是用含有磷酸、磷酸盐和其他化学药品的稀溶液处理金属，使金属表面形成完整的、具有中等耐腐蚀作用的不溶性磷酸盐层，即磷化膜。磷化膜层为微孔结构，与基体结合牢固，具有良好的吸附性、润滑性、耐腐蚀性及较高的电绝缘性等。

3. 危险品的保管与养护

（1）危险品的概念。危险品又称为危险化学品、危险货物，是指具有爆炸、易燃、毒害、腐蚀、放射性等特性，在运输装卸和储存过程中，容易造成人身伤亡和财产毁损而需要特别防护的货物。

危险品的特征就是危害性，但各种危险品的危害性具有不同的表现，根据首要危险特性可将危险品分为九大类，危险品除具有分类的主要危险特性外，还可能具有其他的危害特性，如爆炸品大都具有毒性、易燃性等。

（2）危险品保管的特点。危险品物流不同于一般物流，它是一项技术性和专业性很强的工作，主要特点如下：

①危险品品类繁多，性质各异。按照危险货物的危险性，《危险货物分类和品名编号》（GB 6944—2012）将危险品分为9类，共20项。其中，第9类为杂项危险物质和物品，对道路、铁路运输影响不大。每一项中又包含具体的危险货物，《危险货物品名表》（GB 12268—2012）中在册的已达2 763个品名。这些危险货物和每年新增加的危险品，其物理性质和化学性质差异很大。即使是同类物品，有的物品也不能混装（如爆炸品中引等不能与炸弹等混装，一级氧化剂不能与二级氧化剂混装），有的物品必须隔离2 m以上。有些物品则因消防方法各异不能混装，有的物品必须用水消防，而有的物品遇湿会燃烧，如果将这两种货物存放在一起，发生火灾时就无法用水灭火，从而造成更大的损失。

②危险品的危险性大。危险货物作为一种特殊品类，在保管与运输中具有很大的危险性，容易造成人员伤亡和财产损失。危险品运输事故造成的危害极大，如2005年3月29日发生在京沪高速公路上的液氯泄漏事故，驾驶人员和押运人员在报案后逃匿，延误抢险疏散时机，造成28人死亡，2万多亩土地受污染，直接经济损失2 901万元。

③危险品运输管理方面的相关规章和规定很多。危险品运输是整个道路货物运输的一个重要组成部分，除要遵守道路货物运输共同的规章，如《中华人民共和国道路交通管理条例》和《高速公路交通管理办法》等外，还要遵守许多特殊规定，如联合国相关规定等。

④危险品应在仓储场地专储。危险品的储存和保管也必须加以特别的管理。因此，仓库和场地必须符合所储存货物的要求，如干燥通风、防火。储存危险品的仓库内的照明设施必须使用防爆灯具，防爆灯具须与货物保持一定的距离，应将开关等设置在安全的地方。储存危险品的仓库周围应按规定装设避雷针，铺设场地的水泥必须按规定配料以防止引起火星。储存危险品的仓库必须按货物种类进行专储（如某仓库储存有黄磷，就不能在该仓库随便堆放其他与黄磷性质相抵触的货物），还要及时清扫洗刷仓库，避免洒漏的货物与其他货物发生反应。对储存爆炸品的仓库的要求更加严格，除上述因素外，还要考虑周围居民区的安全，在仓库周围应按要求设置防爆堤坝。

⑤专业性强。危险品运输不仅要满足一般货物的运输条件，严防超载、超速等危及行车安全的情况发生，还要根据货物的物理性质和化学性质，满足特殊的运输条件。其专业性主要表现为车辆专用、人员专业等方面。

（3）危险品的保管要点。

①安全作业。危险品装卸作业前应详细了解所装卸危险货物的性质、危险程度、安全和医疗急救等措施，并严格按照有关操作规程和工艺方案作业。根据货物性质选用合适的装卸机械。装卸易爆货物时，装卸机械应安置火星熄灭装置，禁止使用非防爆型电气设备。作业前应对装卸机械进行检查。作业人员应穿戴相应的防护用品。夜间装卸危险货物时，应有良好的照明设备。装卸易燃、易爆货物时，应使用防爆型的安全照明设备。作业现场需准备必要的安全和应急设备及用具。

②妥善保管。危险品仓库实行专人管理，剧毒化学品实行双人保管制度。仓库存放剧毒化学品时需向当地公安部门登记备案。仓库管理人员应遵守库场制度，坚守岗位，根据制度规定定时、定线、定项、定量地进行安全检查和测查，采取相应的通风、降温、排水、排气、增湿等保管措施。

③严格限制闲杂人员入库。接待委托人抽样时应详细查验委托人证件和认真监督，严格按照操作规程进行操作。危险货物提离时应及时清扫库场，将货底、地脚货、垃圾集中于指定的地点且妥善处理，并进行必要的清洗、消毒处理。

④严格和完善的管理制度。为了保证危险货物的仓储安全，仓库需要依据危险品管理的法律和法规的规定，根据仓库的具体情况和危险品的特性，制定严格的危险品仓储管理安全制度、责任制度和安全操作规程，并在实践中不断完善。仓库需要制定的管理制度主要有危

险货物管理规则、岗位责任、安全防护措施、安全操作规程、装卸搬运方案、保管检查要求、垛型和堆积标准、验收标准、残损溢漏处理程序、应急措施等。保管单位还要根据法规规定和管理部门的要求，履行登记、备案、报告的法律和行政义务。

⑤货位和堆垛的确定。危险品的储存方式、方法与储存数量必须符合国家标准，仓库管理人员要根据国家标准、危险品的危险特性和包装要求，依据所制定的管理制度，选择合适的存放位置。根据危险货物的保管要求，安排相应的通风、遮阳、防水、温度和湿度控制条件的仓库或堆场货位。根据危险品的性质和包装确定合适的堆放垛型和货垛大小，其中桶装危险货物不得超过3个桶高，袋装危险货物高度不得超过4 m。库场内的危险货物之间以及与其他设备之间需保持必要的间距，仓库内的消防通道不小于4 m，货场内的消防主通道不小于6 m。危险货物堆叠时要整齐，堆垛稳固，标志朝外，不得倒置。货堆应悬挂标有危险品编号、品名、性质、类别、级别、消防方法的标志牌。

⑥妥善处置。对于废弃的危险品、危险品废弃物、货底、地脚货、垃圾，仓储停业时的存货、容器等，仓库要采取妥善的处置措施，如随货同行、移交、封存、销毁、中和、掩埋等无害处理，不得留有事故隐患，且将处置方案在相应管理部门备案，并接受管理部门的监督。剧毒危险品发生被盗、丢失、误用时，应立即向当地公安部门报告。

⑦出入库管理。危险货物进入仓库，仓库管理人员要严格把关，认真核查品名标志，检查包装，清点数量，细致地做好核查登记工作。对于品名、性质不明或包装、标志不符及包装不良的危险品，仓库人员有权拒收，或者依据残损处理程序进行处理，未经处理的包装破损的危险品不得进入仓库。剧毒化学品实行双人收发制度。送货、提货车辆和人员不得进入存货区，由仓库在收发货区接受和交付危险货物。

危险货物出库时，仓库人员需认真核对危险货物的品名、标志和数量，协同提货人员、承运司机查验货物，确保按单发货并做好出库登记，详细记录危险货物的流向及数量。

【做中学　学中做】

一、单项选择题

1. 下面不属于霉变防治的是（　　）。

A. 常规防霉　　B. 药剂防霉　　C. 气相防霉　　D. 化学防治

2. 下面不属于金属制品的保管与防护的是（　　）。

A. 选择适宜的保管场所　　　　B. 气相防锈

C. 太阳暴晒　　　　　　　　　D. 塑料封存

3. 商品霉变主要是由（　　）引起的。

A. 霉菌　　　　B. 虫蛀　　　　C. 锈蚀　　　　D. 老化

4. （　　）是指在固定气压之下，空气中所含的水汽达到饱和状态，凝结成液态水所需要降至的温度。

A. 空气湿度　　B. 露点　　　　C. 货物湿度　　D. 通风

5. （　　）是指利用挥发性缓蚀剂，在金属制品周围发挥出缓蚀气体，来阻隔腐蚀介质的腐蚀作用，以达到防锈的目的。

A. 气相防锈　　B. 涂油防锈　　C. 塑料防锈　　D. 涂层与涂料处理

6. （　　）是采用专用设备把某种固体材料熔化并使其雾化，加速喷射到机件表面，形成特制薄层，以提高机件耐蚀、耐磨、耐高温等性能的一种工艺方法。

A. 热喷涂　　　B. 电镀　　　　C. 氧化处理　　D. 磷化处理

7. （　　）是利用电解作用，把具有导电性能的工件表面与电解质溶液接触并作为阴极，通过外电流的作用，在工件表面沉积与基体牢固结合的镀覆层，并赋予制品特殊的表面性能如美丽的外观、较强的耐蚀性或耐磨性、较大的硬度、反光性、导电性、磁性、可焊性等。

A. 热喷涂　　　B. 电镀　　　　C. 氧化处理　　D. 磷化处理

8. 钢铁的（　　）又称发蓝，也称发黑，是将钢铁在空气中加热或直接浸于浓氧化性溶液中，使其表面产生极薄的氧化物膜的材料保护技术。根据处理温度的高低，钢铁化学氧化可分为高温化学氧化（碱性化学氧化）法和常温化学氧化（酸性化学氧化）法。

A. 热喷涂　　　B. 电镀　　　　C. 氧化处理　　D. 磷化处理

9. 金属的（　　）就是用含有磷酸、磷酸盐和其他化学药品的稀溶液处理金属，使金属表面形成完整的、具有中等防蚀作用的不溶性磷酸盐层，即磷化膜。

A. 热喷涂　　　B. 电镀　　　　C. 氧化处理　　D. 磷化处理

二、多项选择题

1. 要想防治霉变，必须根据霉菌的生理特点和生长繁殖的环境条件，采取相应的措施，印制或杀灭霉菌微生物，常见的措施有（　　）。

A. 常规防霉　　B. 药剂防霉　　C. 气相防霉

2. 金属制品的保管与养护措施包括（　　）。

A. 选择适宜的保管场所　　　　B. 温、湿度防护

C. 塑料封存　　　　　　　　　D. 涂油防锈

E. 气相防锈　　　　　　　　　F. 涂层与涂料处理

3. 物理防治就是利用物理因素（光、电、热、冷冻、原子能、超声波、远红外线、微波及高频振荡等）破坏害虫的生理机能与机体结构，使其不能生存或抑制其繁殖。常用的方法有（　　）。

A. 灯光诱集　　B. 高温杀虫　　C. 低温杀虫　　D. 电离辐射杀虫

E. 微波杀虫

【素养提升】

科学严谨、精益求精、爱岗敬业、善于创新
【喜迎二十大·弘扬劳动精神】聂有为：成都工匠　创新奋斗求精

聂有为，中航工业成都凯天电子股份有限公司机械加工厂操作工，进入公司10余年，始终爱岗敬业、精益求精、善于创新、忠诚奉献，曾获"全国技术能手""成都工匠"、公司优秀共产党员及先进工作者等荣誉称号。

他严谨务实、做事踏实，坚持把手里简单的事情做到最好。2021年，他全面完成年度生产任务，废品为零，并出色完成多项复杂零件重难点任务。依托公司提供的平台与资源，他不断发奋图强、精进技艺，从一名"公司技术能手"逐步成长为"全国技术能手"。

他坚持精益改善，设计了某小型夹具，大幅提升薄板类零件综合加工效率与质量稳定性，使该类型零件加工效率提升30%以上，并在同一类型多项产品中推广，大幅缩短单品加工时间。此外，他巧妙运用某型平台解决某零件对称度要求难题，使该零件合格率达到100%。作为一名技能人员，聂有为坚信："有信念、有梦想、甘于奉献，这才是凯天青年应有的模样！"

（资料来源：https://www.163.com/dy/article/H6UO0EO805148ALS.html）

思考：在库存商品养护工作中我们如何保持科学、严谨的工作作风？

【思考与练习】

请思考如何安全保管危险品。

任务三　成果汇报与考核评价

【任务目标】

1. 进行成果汇报，掌握成果汇报展示的方法并进行训练；
2. 评价各组的工作情况；
3. 评价过程中具有探索精神和安全意识。

【实施条件】

虚拟仿真实训室，具备连接互联网的计算机。

【实施过程】

环节	操作及说明	注意事项及要求
环节一	以小组为单位交流汇报调研成果，组与组之间提出问题、交流问题，师生互动，要求PPT展示，每组限定时间。汇报要点如下： （1）库存商品属性。 （2）库存商品养护的措施。 （3）库存商品温度和湿度的控制方法。	汇报过程中小组之间注意发现问题，并及时提出问题，之后大家共同讨论解决问题

续表

环节	操作及说明	注意事项及要求
环节一	（4）危险品的保管方法。 （5）虚拟仿真系统操作中出现的问题	汇报过程中小组之间注意发现问题，并及时提出问题，之后大家共同讨论解决问题
环节二	学生自评、互评，小组组长点评各个组员的工作成效	
环节三	指导教师给各组评分，并进行有针对性的点评，汇总各组成果。引导学生总结常见的库存商品的养护方法及保管措施，注意将安全意识等贯穿到教学各个环节，引导学生养成科学、严谨的工作态度，培养学生探索精神和安全意识	
环节四	考核评价	
环节五	反思与改进	

【课堂笔记】

【考核评价】

知识巩固与技能提高（40分）		得分：
计分标准： 得分 = 1 × 单选题正确个数 + 2 × 多选题正确个数 + 1 × 判断题正确个数		
学生自评（20分）		得分：
计分标准：初始分 = 2 × A 的个数 + 1 × B 的个数 + 0 × C 的个数 　　　　得分 = 初始分/26 × 20		

专业能力	评价指标	自测结果	要求 （A 掌握；B 基本掌握；C 未掌握）
知识目标	1. 了解仓库商品养护的含义与意义； 2. 熟悉仓库商品养护的任务及目的； 3. 掌握商品养护的策略； 4. 辨析引起库存商品发生变化的因素； 5. 掌握金属制品的保管与养护方法	A□　B□　C□ A□　B□　C□ A□　B□　C□ A□　B□　C□	能够了解仓库商品养护的含义；明确仓库商品养护任务；掌握仓库商品养护策略；能够辨析引起仓库商品发生变化的因素并掌握特殊商品养护方法
能力目标	1. 能够从防和治两个方面入手掌握库存商品养护的措施； 2. 掌握库存商品温湿度控制的方法； 3. 能够为库存商品发生的虫害和霉变找到防治办法； 4. 掌握危险品的保管方法	A□　B□　C□ A□　B□　C□ A□　B□　C□	掌握商品养护的措施；并能够针对在库商品温湿度、病虫害、霉变确定适当防治方法，掌握危险品的保管方法

续表

素质目标	1. 引导学生养成科学、严谨的工作态度； 2. 培养学生探索精神和安全意识； 3. 将安全意识等贯穿到教学各个环节	A□　　B□　　C□ A□　　B□　　C□ A□　　B□　　C□	培养学生探索精神和安全意识，使科学、严谨的工作态度得以提升
	小组评价（20 分）		得分：
计分标准：得分 = 10 × A 的个数 + 5 × B 的个数 + 3 × C 的个数			
团队合作	A□　　B□　　C□	沟通能力	A□　　B□　　C□
	教师评价（20 分）		得分：
教师评语			
总成绩		教师签字	

项目六

配送系统

项目介绍

配送系统是产业供应链产成品流向最终消费者的综合渠道,其中的配送信息管理系统是物流配送信息化的核心,有较强的综合性,主要目的是向各配送点提供配送信息,根据订货查询库存及配送能力,发出配送指令、结算指令及发货通知,汇总及反馈配送信息。

知识目标

- 掌握配送信息管理系统的含义及功能;
- 了解配送信息管理系统的作用;
- 掌握配送计划的分类;
- 掌握配送计划需考虑的因素。

能力目标

- 能够描述配送系统结构;
- 能够掌握配送信息管理系统的功能;
- 按照所学知识能制订配送计划并实施。

素质目标

- 引导学生养成科学、严谨的工作态度;
- 培养学生操作规范、安全意识及职业道德;
- 增强学生科技报国的责任担当。

工作情景导入

生鲜配送系统怎样让采购、分拣、配送更简单？

对于生鲜配送企业来说，农产品毛利通常在20%，净利润在8%左右，服务客户的过程中由于增加了采购、分拣、配送等环节，净利润率往往低于传统农产品销售。同时，随着生鲜企业规模的发展，大家会发现，公司越大，利润越薄，甚至月销售额上百万都会出现亏损。为了改变越卖越亏的局面，许多生鲜配送企业开始优化运营流程的各个环节，降低成本来提高公司的净利润。

生鲜企业管理者在梳理自身业务的过程中发现，成本是由采购、分拣、配送、包装耗材、场地占用等诸多因素决定的。虽然每个环节的权重不同，但还是影响了整体成本。针对这种情况，生鲜配送企业需要在各个环节采取措施，利用一些数字化系统和一些智能硬件来优化成本，提高效率，从而做到提升利润。

1. 订单

改变原有的手动下单模式，"筷农"农产品供应链SaaS系统（简称"筷链SaaS系统"）帮助企业实现无纸化办公，为用户增加了三种新的下单方式：用户在商城自主下单、销售在后台代客下单、通过表单导入下单。提升下单的效率和客户体验，减少错单漏单。这个过程生鲜配送企业都是深有体会的，如果没有订单系统，需要大量的人工去接电话或者微信接单，接到了单要用表格记录下来，这个过程是非常浪费人力、浪费时间的，筷链SaaS系统的订单OMS（Order Management System 订单管理系统）就是解决这个问题的。

2. 采购

客户下单后，所有订单在筷链SaaS系统里面会自动进行汇总分析，与实际库存进行对比，库存是否充足，缺少什么，少了多少，系统里面都是一清二楚的。不需要人工去统计，再联系采购员去采买。在采购员的终端上，直接就会提示什么需要采购，要采购多少，还能匹配可选供应商，采购员直接在系统里比价询价，节省采购时间和提升效率。

3. 分拣

分拣员可以利用智能电子秤分拣，订单数据是直接显示在触摸屏上的，称重的数据会直接同步到系统，按实际斤两出入库，避免误差带来的损耗。员工通过系统查看到分拣进度，筛选出未分拣任务，大大提高了员工之间的协作。原来烦琐的分拣流程，费时的人工操作、容易出错、效率低的问题都迎刃而解。

4. 配送

对于订单量大的生鲜配送企业，一天下来配送路线会很多，司机要按照确定的路线配送货物，这就要求物流排线效率高。有了筷链 SaaS 系统的智能排线功能，订单到达后订单信息和客户信息一目了然，直接通过地图选择客户或圈出客户，系统会自动完成物流排线、自动导航，效率大大提升，也避免出现送错的情况。

5. 结算

对于业务量达到一定程度的生鲜配送企业，每个月的订单结算都是一个难题，各种单据几大摞，财务人员统计得眼睛都花了，还容易出错。用筷链 SaaS 系统之后就不存在这个问题，因为我们的整个订单、采购、分拣、配送过程都是在系统里进行的，数据自动流转，到财务这一块就可以直接出具财务报表了。

总而言之，现在是 DT（Data Technology 数据处理技术）时代，生鲜配送企业也需要与时俱进，利用智能数字化系统至少在人力方面是能节约很大成本的，而且工作效率大大提高，服务客户的能力也将大大提升。尤其是规模达到一定程度，规模越大越需要降本增效，企业才能获得更大的利润。

（资料来源：http：//www.fecnong.com/xyxw/392.jhtml）

通过上述资料，请思考生鲜配送如何才能驶上"快车道"？

任务一　配送系统认知

【任务目标】

1. 了解配送信息管理系统的作用，掌握配送信息管理系统的含义及功能；
2. 能够描述配送系统结构；
3. 引导学生养成科学、严谨的工作态度。

【实施条件】

虚拟仿真实训室，具备连接互联网的计算机。

【实施过程】

环节	操作及说明	注意事项及要求
环节一	通过学习通平台进行微课学习；阅读相关知识；了解配送信息管理系统的作用及配送系统结构。具体内容如下： （1）教师发布任务，学生学习微课视频，做课前测试题，并以小组为单位试做任务。 （2）利用课程平台发布任务。 （3）小组试做，根据组织特点确定配送信息管理系统结构。 （4）小组讨论仓储补货的最佳时机	（1）以间接调查为主，主要通过网络、图书馆、电话咨询等方式进行调研。
环节二	小组展示，教师引导	
环节三	（1）根据学生试做情况，发现学生知识的薄弱之处，明确任务难点。 （2）教师引导各小组修改配送信息管理系统结构。 （3）通过教师引导学习，突破教学重难点	（2）活动以学生分组的形式进行，小组成员注意分工协作，各司其职，按时完成任务

【知识链接】

请扫码阅读知识链接。

配送系统

未来地下无人配送系统

京东计划打造地下物流系统

【知识内化】

物流配送系统是通过广泛的信息支持，实现以信息为基轴的物流系统化，是一个经济行为系统。其主要机能可划分为作业子系统和信息子系统。前者包括输送、装卸、保管、流通、加工、包装等机能，以力求省力化和效率化；后者包括订货、发货、出库管理等机能，力求完成商品流动全过程的信息活动。而人们普遍认为的现代物流配送系统的内在特征，在目的上表现为实现物流的效率化和效果化，以较低的成本和优良的客户服务完成商品实体从供应地到消费地的活动；在运作上，表现为通过作业子系统（见项目七的任务四）和信息子系统的有机联系与相互作用，来达到物流系统优化的目的。

1. 配送信息管理系统的功能及作用

物流配送信息管理系统是物流配送信息化的核心，有较强的综合性，主要目的是向各配送点提供配送信息，根据订货查询库存及配送能力，发出配送指令、结算指令及发货通知，汇总及反馈配送信息。

（1）配送信息管理系统的功能。配送信息管理系统作为实现管理现代化的重要手段，具有以下主要功能：

①控制功能。企业在计算机系统内，针对每个操作者的工作范围和职责，分别定义不同的权限和口令，在商品进货、理货、配货、出货、结算等方面严格权限管理，超权限不能进入业务流程。配送信息管理系统能对整个经营系统的各个部门、各个环节的运行情况进行监测、检查，比较执行情况与其计划的差异，从而及时地发现问题。然后根据偏差分析原因，用适当的方法加以纠正，保证系统预期目标的实现。

②计划功能。运用各年度配送量变化趋势分析、同比分析、利润与费用率分析，为计划部门编制商品流转计划及财务部门下达财务指标提供依据。针对不同的管理层提出不同的要求，能为各部门提供不同的信息并对其工作进行合理的计划与安排，从而有利于保证管理工作的效果。

③事务处理功能。配送信息管理系统能够从事部分日常性事务管理工作，如账务处理、统计报表处理等。之前经营品种由员工靠物价台账统计，工作量非常大，数据难以查清，管账人员深陷繁重制单做账工作，财务部门则为大量制证、记账、对账、汇总工作所拖累。现在配送信息管理系统将部分员工从烦琐、单调的事务中解脱出来，既节省了人力资源，又提高了管理效率。

④信息处理功能。配送信息管理系统能对各种形式的信息进行收集、加工整理、存储和传输，以便向管理者及时、准确、全面地提供各种信息服务。

⑤辅助决策和决策优化功能。配送信息管理系统不但能为企业提供相关的决策信息，达到辅助决策的目的，而且可以利用各种半结构化或非结构化的决策模型及相关技术进行决策优化，为企业提供各种最优解、次优解或满意解、可行解，提高决策的科学性，合理利用企业的各项资源，提高企业的经济效益。

⑥预测功能。企业运用多维数据库技术开发决策支持系统，对历史及现实配送数据进行深层挖掘，账目按不同管理角度汇总，纵向分析会计期间运行趋势，及时发现问题。进行大类商品80/20分析、厂家坐标分析，与历史数据比较，不仅能实测物流企业的经营管理工作，而且能利用历史数据，通过运用适当的数学方法和科学预测模型，预测物流企业的未来。

由于配送信息管理系统具有以上多种强大的功能，因此成为一个集现代化、最优化和自动化于一体的系统。

（2）配送信息管理系统的作用。物流配送信息管理系统的作用主要表现在以下几个方面：

①进行库存分析。主要用于物流配送中心的库存货物结构变动的分析，各种货物库存量、品种结构的分析，便于分析库存货物是否存在积压和短缺问题。

②进行库存盘点。主要用于物流配送中心的货物盘点清单制作、盘点清单打印、盘点数据输入、盘点货物确认、盘点结束确认、盘点利润统计、盘点货物查询、浏览统计、盘亏盘盈统计，便于实行经济核算。

③进行库存管理。主要用于物流配送中心的库存货物的管理。

a. 用于对库存货物的上下限报警：对库存货物数量高于合理库存上限或低于合理库存下限的货物进行信息提示。

b. 用于库存呆滞货物报警：对有入库但没有出库的货物进行信息提示。

c. 用于货物缺货报警：对在出库时库存货物为零但又未及时订货的货物进行信息提示，便于对在库货物进行动态管理，以保持相应合理的库存货物。

④进行业务管理。主要用于物流配送中心的入库、验收、分拣、堆码、组配、发货、出库、输入进（发）货数量、打印货物单据，便于仓库保管人员正确进行货物的确认。

⑤进行统计查询。主要用于物流配送中心的入库、出库、残损及库存信息的统计查询，可按相应的货物编号、分类，便于供应商、客户和仓库保管人员进行统计查询。

⑥进行账目管理。主要用于物流配送中心核算某一时间段的每种货物明细账、每类货物的分类账和全部在库货物的总账，便于仓库实行经济核算。

⑦进行货位调整。主要用于物流配送中心对库存货物的货位进行调整，进行货位调整查询，以便仓库管理人员掌握各种货物的存放情况，便于仓库及时准确地查找在库货物。

⑧进行条码打印。主要用于物流配送中心的货物自编条码打印、货物原有条码打印等，便于仓库实行条码管理，自动生成打印各种货物的条码。

⑨进行库存货物保质期报警。主要用于物流配送中心的库存货物的质量管理。

a. 对超过保质期的货物进行报警：对管理库存货物中保质期在当天到期的货物进行信息提示，对超过保质期的货物进行报警，以及时进行处理。

b. 对货物保质期查询：对库存货物的保质期进行查询，便于仓库对在库货物进行质量管理，及时处理超过保质期的货物，提高货物库存质量。

2. 配送信息管理系统的结构

配送信息管理系统的功能结构规划与设计应主要考虑四个因素：配送中心在流通渠道的

作用；配送中心的功能、组织结构和作业内容；管理政策；管理方法。要特别注意引进现代物流管理观念和方法，在不增加费用和少增加费用的前提下，设计出这部分功能。

根据配送中心的各项作业将配送中心的系统大架构划分为采购入库管理系统、销售出库管理系统、经营绩效管理系统、财务会计管理系统四个模块。每个系统下又包括各自的子系统（图6-1）。

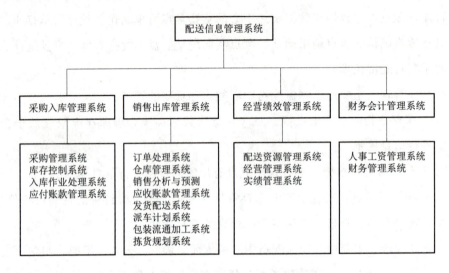

图6-1　配送信息管理系统总结构图

（1）采购入库管理系统。采购入库管理系统是处理与生产厂商相关作业的管理系统，相关工作包括商品实际入库、根据入库商品内容进行库存管理、根据商品需求向供货厂商下订单。采购入库管理系统与其他系统的关联如图6-2所示。

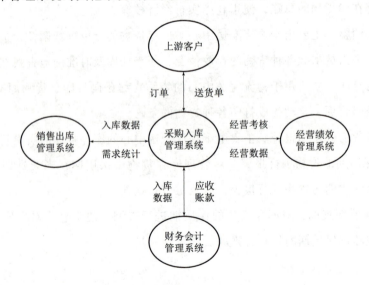

图6-2　采购入库管理系统与其他系统的关联

采购入库管理系统包括采购管理系统、入库作业处理系统、库存控制系统和应付账款管理系统。

①采购管理系统：采购数量、时间、品名建议系统；供应厂商报价数据管理系统；打印采购单。

②入库作业处理系统：订单数据处理、入库数据处理、入库检验作业、入库上架作业、直接出库作业、退货入库作业。

③库存控制系统：商品分类分级、经济订货批量及时间点确定、库存实时管理系统、盘点作业系统。

④应付账款管理系统：应付账单核定、收支登记及维护、应收账款统计表、收支状况一览表、打印。

（2）销售出库管理系统。销售出库管理系统的内容包括从客户处取得订单、处理订单资料、仓库管理、出货准备、合格货品运送至客户手中，整个作业都是以对客户服务为主。内部各系统的作业顺序是首先统计订单需求量，然后传送给采购入库管理系统作为库存管理参考的数据，并由采购入库管理系统取得货品，在货品外送后将应收账款账单转入会计部门作为转账之用，最后将各项内部资料提供给经营绩效管理系统作为绩效考核的参考，并由经营绩效管理系统取得各项营运指示。销售出库管理系统与其他三大系统的关联如图6-3所示。

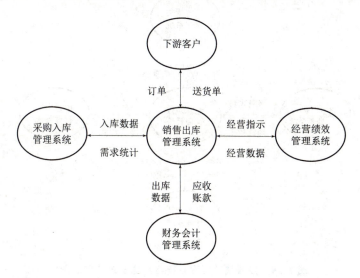

图6-3 销售出库管理系统与其他系统的关联图

销售出库管理系统包括订单处理系统、仓库管理系统、销售分析与预测、应收账款管理系统、发货配送系统、派车计划系统、包装流通加工系统和拣货规划系统。

①订单处理系统：订单自动接收、客户信用调查系统、报价系统、库存数量查询、包装能力查询、配送设备能力查询、配送人力查询、订单数据输入、退货数据处理。

②仓库管理系统：月台使用计划、仓库规划、拣货区规划、包装区规划、仓储区规划、托盘管理系统、车辆维护管理系统、燃料耗材管理系统。

③销售分析与预测：销售分析、销售预测、商品管理与贡献率、打印。

④应收账款管理系统：应收账款核定、打印发票、收支登记及维护、应收账款统计表、收支状况一览表、打印。

⑤发货配送系统：打印出库单、配送路线选择系统、配送商品跟踪系统、配送意外情况处理、人工数据输入、打印。

⑥派车计划系统：装车计划编制、装车计划规划、人工数据输入、打印。

⑦包装流通加工系统：计划编制、计划规划、补货计划与规划、人工数据输入、数据转换与通信、打印。

⑧拣货规划系统：拣货计划编制、拣货计划规划、补货计划与规划、数据转换与通信、打印。

（3）经营绩效管理系统。经营绩效管理系统从各系统及流通业取得信息，制定各种经营政策，然后将政策内容及执行方针告知各个经营部门，并将配送中心的数据提供给流通业。经营绩效管理系统与其他系统的关联如图6-4所示。

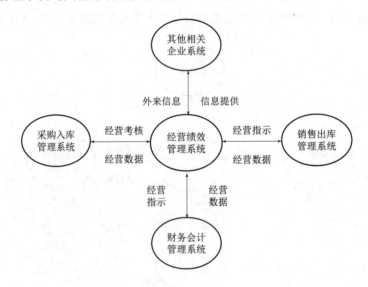

图6-4 经营绩效管理系统与其他系统的关联图

经营绩效管理系统包括配送资源管理系统、经营管理系统和实绩管理系统。

①配送资源管理系统：多仓库的仓库地点与数量规划、多仓库库存控制、多仓库人力资源计划、多仓库商品分配计划、多仓库配送计划、多仓库采购计划。

②经营管理系统：车辆设备采购租用管理系统、销售策略计划、运费制定系统、配送成

本分析系统、外用车辆管理系统。

③实绩管理系统：作业人员管理系统、客户管理系统、出库处理实绩、入库处理实绩、库存商品实绩、拣货包装实绩、设备使用实绩、车辆使用率、仓库使用率、商品保管率。

（4）财务会计管理系统。财务会计部门对外主要用采购部门传来的商品入库数据核查供货厂商送来的催款数据，并据此给厂商付款；或由销售部门取得出货单来制作应收账款催款单并收取账款。财务会计管理系统还制作各种财务报表以供经营绩效管理系统参考。财务会计管理系统与其他系统的关联如图 6-5 所示。

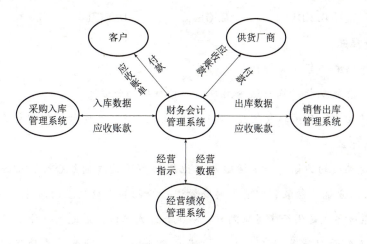

图 6-5 财务会计管理系统与其他系统的关联图

财务会计管理系统包括人事工资管理系统和财务管理系统两部分。

①人事工资管理系统：人事数据维护、工资报表、打印工资单、与银行联网的工资转账系统、人力评价及人力使用建议。

②财务管理系统：会计总账、分类账、财务报表系统、现金管理、支票管理、银行联网转账系统。

【做中学　学中做】

一、单项选择题

1. 配送的活动内容不单是送货，其活动内容中还有（　　）等工作。

　　A. 订货、分货、配送　　　　　　B. 订货、配送、配装

　　C. 配货、配送、配装　　　　　　D. 分货、配货、配装

2. 配送是送货、分货、配货、配装等活动的（　　）。

　　A. 结合体　　B. 联合体　　C. 有机结合体　　D. 有机联合体

3. 配送是一种（　　）的流动分工方式。

　　A. 自动化　　B. 专业化　　C. 机械化　　D. 智能化

4. 从（　　）的角度看，配送本身就是一种商业形式。

A. 物流　　　　　　　　　　B. 商流

5. （　　）从各系统及流通业取得信息，制定各种经营政策，然后将政策内容及执行方针告知各个经营部门，并将配送中心的数据提供给流通业。

A. 采购入库管理系统　　　　B. 销售出库管理系统

C. 经营绩效管理系统　　　　D. 财务会计管理系统

6. 有效客户反映可以简写为（　　）。

A. EOS　　　B. EDI　　　C. QR　　　D. ECR

二、多项选择题

1. 配送的特征主要有（　　）。

A. 配送是将货物从物流据点送给用户的一种特殊的送货形式

B. 在配送活动中，从事送货的是专职流通企业，用户需要什么配送什么，而不是生产企业生产什么送什么

C. 配送不是单纯的运输，而是运输与其他活动共同构成的组合体，配送要及时组织订货、签约、进货、分拣、包装、配货等对物资进行分配和供应处理的活动

D. 配送的服务方式是供给者送货到户。从服务方式来讲，配送是一种"门到门"的服务

E. 配送是在全面配货基础上，完全按用户要求（包括种类、品种搭配、数量、时间等）所进行的运送

2. 配送的要素包括（　　）。

A. 配装　　　B. 仓储　　　C. 储存　　　D. 配送加工

3. 配送的意义和作用有（　　）。

A. 完善了整个物流系统

B. 提高了末端物流的效益

C. 通过集中库存使企业实现低库存或零库存

D. 简化事务，方便用户

E. 提高供应保证程度

4. 配送模式按照时间划分可以分为（　　）。

A. 定时配送　　　　　　　　B. 定量配送

C. 定时、定量配送　　　　　D. 定时、定量、定点配送

5. 配送模式按照配送形式划分可分为（　　）。

A. 自营配送　　　　　　　　B. 共同配送

C. 第三方配送（外包配送）　D. 混合配送

6. 配送模式按照配送商品的种类及数量划分可分为（　　）。

A. 成套配送　　　　　　　　　B. 多品种、少批量配送

C. 少品种、大批量配送　　　　D. 多品种、大批量配送

7. 配送合理化的常用标准主要有（　　）。

A. 库存标志　　B. 资金标志　　C. 成本和效益　　D. 客户满意程度

E. 供应保证标志　　　F. 社会运力节约标志　　G. 物流合理化标志

8. 配送信息管理系统的功能主要有（　　）。

A. 控制功能　　B. 计划功能　　C. 事务处理功能　D. 信息处理功能

E. 辅助决策和决策优化功能　　　F. 预测功能

9. 配送信息管理系统的作用主要有（　　）。

A. 进行库存分析、库存盘点、库存管理

B. 进行业务管理

C. 进行统计查询

D. 进行账目管理

E. 进行货位调整

F. 进行条码打印

G. 进行库存货物保质期报警

10. 根据配送中心的各项作业将配送系统划分为（　　）。

A. 采购入库管理系统　　　　　B. 销售出库管理系统

C. 经营绩效管理系统　　　　　D. 财务会计管理系统

三、名词解释

配送系统

【思考与练习】

结合所学内容，请描述配送信息管理系统的结构内容。

任务二　配送计划业务

【任务目标】

1. 结合商品属性掌握配送计划需要考虑的因素；
2. 按照所学知识能制订配送计划并实施；
3. 培养学生操作规范、安全意识及职业道德。

【实施条件】

虚拟仿真实训室，具备连接互联网的计算机。

【实施过程】

环节	操作及说明	注意事项及要求
环节一	通过学习通平台进行微课学习；阅读相关知识；了解不同商品配送的影响因素，并能按照所学知识制订相应的配送计划并实施。具体内容如下： （1）教师发布任务，学生学习微课视频，做课前测试题，并以小组为单位试做任务。 （2）利用课程平台发布任务。 （3）小组试做，结合配送计划需要考虑的因素，制订相应商品的配送计划并实施。 （4）小组讨论配送计划方案。	（1）以室内调查为主，主要通过网络、图书馆、电话咨询等方式进行调研。 （2）活动以学生分组的形式进行，小组成员注意分工协作，各司其职，按时完成任务。
环节二	小组展示，教师引导	
环节三	（1）根据学生试做情况，发现学生知识的薄弱之处，明确任务难点。 （2）教师引导各小组修改优化配送计划方案。 （3）通过教师引导学习，突破教学重难点	

【知识链接】

请扫码阅读知识链接。

如何制作生鲜配送方案？

【知识内化】

配送计划是指配送企业（配送中心）在一定时间内编制的生产计划，它是配送中心生产经营的首要职能和中心环节。配送计划的主要内容应包括配送的时间、车辆选择、货物装载及配送路线、配送顺序等的具体选择。

1. 配送计划的概念

配送计划是指为了提高为客户服务的水平，在市场竞争中处于优势地位，根据客户货物的体积、重量和送货、收货时间等需求信息，结合物流企业自身的仓储能力、库存信息、设备和人员等实际情况，考虑公司的客户服务目标，然后在配送成本和客户服务目标之间寻找平衡点，并在此基础上制订的配送工作计划。

配送是物流管理中的重要环节，配送计划的完善与否，直接关系到企业的总体绩效和未来发展。从本质上讲，企业的物料配送就是将产品及时、安全地运输到目的地。它与产品数量、产品特性、仓库、运输工具及目的地有密切关联。另外，配送计划还需要考虑公司的客户服务目标，在配送成本和客户服务目标之间寻找平衡点。

2. 配送计划的分类

配送中心的配送计划一般包括配送主计划、日配送计划和特殊配送计划。

（1）配送主计划。配送主计划是指针对未来一定时期内，对已知客户需求进行前期的配送规划，便于对车辆、人员、支出等做出统筹安排，以满足客户的需要。例如，为迎接家电行业每年3—7月空调销售旺季的到来，配送中心可以提前根据各个客户前一年的销售情况，预测当年空调销售旺季的配送需求量，并据此制订空调销售旺季的配送主计划，提前安排车辆、人员等，以保证销售任务完成。

（2）日配送计划。日配送计划是配送中心逐日进行实际配送作业的调度计划。例如，订单增减、取消，配送任务细分，时间安排，车辆调度等。制订每日配送计划的目的是使配送作业有章可循。与配送主计划相比，配送中心的日配送计划更具体、频繁。

（3）特殊配送计划。特殊配送计划是指配送中心针对突发事件或不在主计划规划范围内的配送业务，或者不影响正常性每日配送业务所做的计划。它是配送主计划和每日配送计划的必要补充，如空调在特定商场进行促销活动，可能会导致短期内配送需求量突然增加，这都需要制订特殊的配送计划，增强配送业务的柔性，提高服务水平。

3. 配送计划需考虑的因素

"凡事预则立，不预则废"，配送计划的拟订对于整个配送活动的实施具有重要的作用。配送计划作为一种全局性的事前方案，对于整个配送活动具有客观上的指导性和过程上的规定性，是有效开展配送的第一步。具体而言，配送计划的拟订应考虑以下一些内容：配送的货物种类、配送货物的价值、货品的配送数量或库存量、物流渠道、配送的对象、物流的交货时间、物流的服务水平。

（1）配送的货物种类。在配送中心处理的货物品项数差异性非常大，多则上万种，少则数百种，由于品项数的不同，其复杂性与困难性也有所不同。例如，所处理的货物品项数为一万种的配送与处理货物品项数为一千种的配送是完全不同的，其货品储放的储位安排也完全不同。另外，在配送中心处理的货物种类不同，其特性也完全不同，如目前比较常见的配送货品有食品、日用品、药品、家电、服饰、化妆品、汽车零件及书籍等，它们分别有其特性，因而，配送中心的厂房硬件及物流设备的选择也完全不同。

（2）配送货物的价值。在制订配送计划时，还应该注意研究配送货物的价值。配送货物的价值与物流成本有很密切的关系，因为在物流的成本计算方法中，往往会计算它所占货物成本的比例，因此，如果货物的单价高，则其百分比相对会比较低，客户则能够负担得起；如果货物的单价低，则其百分比相对会比较高，客户则会感觉负担较重。

（3）货品的配送数量或库存量（Q）。这里的 Q 包含三个方面的含义：一是配送中心的出货数量；二是配送中心的库存量；三是配送中心的库存周期。

货品出货数量的多少和随时间而出现的变化趋势会直接影响到配送中心的作业能力和设备配置，如一些季节性波动、年节的高峰等，都会引起出货量的变动。

配送中心的库存量和库存周期将影响到对配送中心的面积与空间的需求。因此，应对库存量和库存周期进行详细的分析。一般来说，进口商型的配送中心因进口船期的原因必须拥有较长时间（约 2 个月以上）的库存量；而流通型的配送中心，则完全不需要考虑库存量，但必须注意分货的空间及效率。

（4）物流渠道。目前，常见的物流渠道模式如图 6-6 所示。在制订物流配送计划时，必须了解物流渠道的模式，然后根据配送中心在物流渠道中的位置和上下游客户的特点进行规划。

（5）配送的对象。由于配送中心的种类很多，因此配送的对象即客户也有所不同，其出货形态也不尽相同。这些客户可能是经销商、配送中心、大型超市、百货公司、便利店及

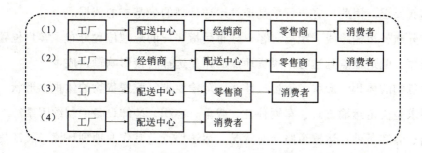

图6-6 常见的物流渠道模式

平价商店等中的一种或几种。其中，经销商（营业所）、配送中心及大型超市等的订货量较大，它的出货形态可能大部分为整托盘出货，小部分为整箱出货；超市的订货量次之，它的出货形态可能10%属于整托盘，60%属于整箱，30%属于拆箱出货；而便利店及平价商店的订货量较小，它的出货形态可能30%属于整箱出货，70%属于拆箱出货。配送中有可能同时出现整托盘、整箱及拆箱拣货的情形，此种情形下由于客户层次不同及订货量差异性大，订货方式非常复杂，时有业务员抄单、电话订货、传真订货及计算机联网等方式，是配送中比较复杂的一种，难度也较高。配送中心的出货形态也可能出现整托盘及整箱拣货的形态（大型超市及百货公司），以及整箱及拆箱拣货的形态（超市及便利店）。此种情形下由于客户层次整齐与订货量大小的差异，订货大部分采用计算机联网方式，是配送中比较简单的一种，难度也比较小。

（6）物流的交货时间。物流服务品质中，物流的交货时间非常重要，因为交货时间太长或不准时都会严重影响零售商的业务，因此交货时间的长短与守时与否成为物流业者重要的评估项目。所谓物流的交货时间，是指从客户下订单开始，到订单处理、库存查询、理货、流通加工、装车及卡车配送到达客户手上的这一段时间。依厂商的服务水准的不同可分为2小时、12小时、24小时、2天、3天、1星期送达等几种。

（7）物流的服务水平。物流企业建设配送中心的一个重要目的就是提高企业的物流服务水平，但物流服务水平的高低恰恰与物流成本成正比，也就是物流服务水平越高，则其成本也越高，但是站在客户的立场而言，希望以最经济的成本，得到最佳的服务，所以原则上，物流的服务水平应该是合理的物流成本下的服务品质，也就是说物流成本不比竞争对手高，而物流的服务水平比它高。物流服务水平的主要指标包括订货交货时间、货品缺货率、增值服务能力等。企业应该针对客户的需求，制订一个合理的服务水平。

4. 配送计划的制订

（1）配送计划制订的依据。

①客户订单。一般客户订单对配送商品的品种、规格、数量、送货时间、送达地点、收

货方式等都有要求。因此，客户订单是拟订运送计划的最基本的依据。

②客户分布、运输路线、距离。客户分布是指客户的地理位置分布。客户位置与配送据点的距离长短、配送据点到达客户收货地点的路径选择直接影响输送成本。

③配送货物的体积、形状、重量、性能、运输要求。配送货物的体积、形状、重量、性能、运输要求是决定运输方式、车辆种类、载重、容积、装卸设备的制约因素。

④运输、装卸条件。运输道路交通状况、运达地点及其作业地理环境、装卸货时间、天气气候等对输送作业的效率也起较大的约束作用。

（2）配送计划制订的步骤。在充分掌握以上依据所列的必需的信息资料后，由电子计算机编制，最后形成配送计划表，或由计算机直接向具体执行部门下达指令。

在不具备上述手段而由人工编制计划时，其主要步骤如下：

①按日汇总各客户需求资料，用地图表明，也可用表格列出；

②计算各客户送货所需时间，以确定起送提前期；

③确定每日各配送点的配送计划，可以用图上或表上作业法完成，也可计算；

④按计划的要求选择配送手段；

⑤以表格形式拟订出详细的配送计划。

（3）配送计划制订的内容。

①排定配送商品等。按日期排定客户所需商品的品种、规格、数量、送达时间、送达地点、送货车辆与人员等。

②排定配送车辆及路线。优化车辆行走路线与运送车辆趟次，并将送货地址和车辆行走路线在地图上标明或在表格中列出。如何选择配送距离短、配送时间短、配送成本低的线路，需要根据客户的具体位置、沿途的交通情况等做出优先选择和判断。除此之外，还必须考虑有些客户或其所在地点环境对送货时间、车型等方面的特殊要求，如有些客户一般不在上午或晚上收货，有些道路在某高峰期实行特别的交通管制等。因此，确定配送批次顺序应与配送线路优化综合起来进行考虑。

③确定启运。按客户需要的时间结合运输距离确定启运提前期。

④选择送达服务。按客户要求选择送达服务的具体组织方式。配送计划确定之后，还应将货物送达时间、品种规格、数量通知客户，使客户按计划准备好接货工作。

（4）配送计划的拟订。

①基本配送区域划分。划分基本配送区域就是将客户所在地的具体位置做系统统计，并将其做区域上的整体划分，将客户囊括在不同的基本配送区域之中，以作为下一步决策的基本参考。

②决定配送批次。当配送中心的货品性质差异很大，有必要分批配送时，就要根据每订单的货品特点做优先的划分，例如，生鲜食品与一般食品的运送工具不同，需要分批配送，

还有一些化学物品与日常用品的配送条件有差异,也要分开配送。

③暂定配送先后次序。信用是创造后续客源的要素,因此,在客户要求的时间准时送货非常必要。在考虑其他因素做出确定的配送顺序前,应先按各客户的叫货时间,将配送的先后次序做概略掌握。

④车辆安排。车辆安排要解决的问题是安排什么形式、种类的配送车,是使用自用车还是外雇车。要从客户面、车辆面及成本面来共同考虑。在客户面,必须考虑各客户的订货量、订货体积、重量限制,以及客户点的货物特性限制;在车辆面,要知道到底有哪些车辆可供调派,以及这些车辆的积载量与重量限制;在成本面,就必须根据自用车的成本及外雇车的计价方式来考虑选择何者较划算。在安排车辆时,要全面考虑上述三个方面的问题,以便做出最佳决策。

⑤决定每辆车负责的客户点。既然已做好配送车辆的安排,对于每辆车所负责的客户点数自然也已有了决定。

⑥路径选择。知道了每辆车需负责的客户点后,如何以最快的速度完成对这些客户点的配送,根据各客户点的位置关联性及交通状况来做路径的选择。除此之外,对于有些客户或因其所在环境有送达时间的限制等,也要考虑进去,如有些客户不愿中午收货,或是有些巷道在高峰时间不准卡车进入等,都应该在选择路径时尽量避开。

⑦确定最终送货顺序。做好车辆的调配安排及配送路径的选择后,根据各车辆的先后配送路径即可将客户的配送顺序确定下来。

⑧车辆装载方式。决定了客户的配送顺序,接下来就要考虑如何将货品装车、以什么次序上车的问题。

5. 配送计划的实施

配送计划的实施过程通常可分为以下五个阶段或步骤:

(1) 下达配送计划。即通知客户和配送点,以使客户按计划准备接货,使配送点按计划组织送货。

(2) 配送点配货。各配送点按配送计划落实货物和运力,对数量、种类不符合要求的货物,组织进货。

(3) 下达配送任务。即配送点向运输部门、仓库、分货包装及财务部门下达配送任务,各部门组织落实任务。

(4) 发送。理货部门按要求将各客户所需的各种货物,进行分货、配货、配装,并将送货交接单交驾驶人员或随车送货人员。

(5) 配达。车辆按规定路线将货物送达客户点,客户点接后在回执上签章。配送任务完成后,财务部门进行结算。

【做中学　学中做】

一、单项选择题

1. （　　）是指针对未来一定时期内，对已知的客户需求进行前期的配送规划，便于对车辆、人员、支出等进行统筹安排，以满足客户的需要。

　　A. 日配送计划　　　B. 特殊配送计划　　　C. 周配送计划　　　D. 配送主计划

2. （　　）是配送中心逐日进行实际配送作业的调度计划，包括订单增加、订单取消、配送任务细分、时间安排、车辆调度等。

　　A. 配送主计划　　　B. 日配送计划　　　C. 特殊配送计划　　　D. 周配送计划

3. （　　）是指配送中心针对突发事件或不在配送主计划规划范围内的配送业务，或者不影响正常性的日配送业务所做的计划。

　　A. 配送主计划　　　B. 日配送计划　　　C. 周配送计划　　　D. 特殊配送计划

4. 一般进口商的配送中心因进口船期等原因必须拥有较长时间（　　）的库存量。

　　A. 大约1个月以上　　B. 大约2个月以上　　C. 大约3个月以上　　D. 大约6个月以上

5. 生鲜食品与一般食品的（　　）不同，需（　　）配送。

　　A. 配送条件；分开　　B. 配送条件；分批　　C. 运送工具；分开　　D. 运送工具；分批

二、多项选择题

1. 配送计划的主要内容包括（　　）。

　　A. 配送时间　　　B. 车辆的选择　　　C. 货物的装载　　　D. 配送路线

　　E. 配送顺序

2. 制定配送计划需要考虑（　　）。

　　A. 配送货物的种类　　B. 配送货物的价值　　C. 物流渠道　　D. 配送的对象

　　E. 交货的时间　　　F. 物流服务水平

3. 货物的配送数量及库存量包含的含义有（　　）。

　　A. 配送中心的出货数量　　　　　　B. 配送中心的库存量

　　C. 配送中心的货物种类　　　　　　D. 配送中心的库存周期

4. 配送计划主要分为（　　）。

　　A. 配送主计划　　　B. 日配送计划　　　C. 周配送计划　　　D. 特殊配送计划

5. 配送计划的实施通常分为（　　）。

　　A. 下达配送计划　　B. 配送点配货　　　C. 下达配送任务　　　D. 分配配送任务

　　E. 发货　　　　　　F. 配达

三、名词解释

配送计划

【素养提升】

规范操作、安全守法、脚踏实地、贴心尽责
【喜迎二十大·劳模展风采】刘孝增：安全行驶三十载 不辞长做公交人

公交驾驶员这个职业一年365天"以路为伴，以车为家"。刘孝增是新疆五家渠顺通城市公交有限责任公司五家渠市至一○五团客运班线驾驶员，工作30年里，他始终秉持"安全第一、文明驾驶"的基本准则，在平凡的岗位上干出不平凡的人生。

握着方向盘的那一刻，客运驾驶员的一举一动都关乎一车乘客的安全和幸福，刘孝增安全行驶100万千米，单车出勤率98%，没有发生一次安全责任事故，这是他一生最骄傲的事情。

而这一切都源于刘孝增的"好心态、好习惯、好性格"。他常年坚持在行车前对车辆认真检查，确保发车安全；收车时，无论再晚，认真填好行车日志，做到小修不过夜、大修不上线。做好车辆卫生，是他每日的必修课；在他的车上，常年备着热水瓶、一次性纸杯、晕车药，车辆起步时及时提醒乘客"请系好安全带"，到站时"别忘了拿自己的行李""请小心脚下"……这些

小小的细节，既是刘孝增对工作的要求，也是给乘客的一份保障。

驾驶员这个职业虽然很普通，但是必须要有高度的责任感。多年来，刘孝增参与过的救援有几十次，大到抗险救灾，小到车辆排障，无论事情大小，他都会第一个冲上去。刘孝增说他不仅是一名驾驶员，更是一名共产党员，在力所能及的领域帮助大家是践行共产党员的使命担当。

刘孝增先后获得师市"文明驾驶员""十佳服务标兵""最美运输人"等称号。2018年，荣获兵团"屯垦戍边劳动奖章"。2019年，荣获"兵团劳动模范"称号。

刘孝增说，这些荣誉是组织对我的信任，也更加坚定了我做好本职工作的决心和信念。我是六师公交驾驶员，更是一名党的好儿郎。为人民服务，我要像雷锋日记中记载的那样，把有限的生命投入无限的为人民服务之中去。

（资料来源：https://www.toutiao.com/article/7090871822597571080/?channel=&source=search_tab）

思考：在物流配送工作中如何才能做到操作规范？如何培养树立安全意识的职业精神？

【思考与练习】

请以小组为单位，假定特定货物的配送需求，制订一个合理、完善的配送计划。

任务三　成果汇报与考核评价

【任务目标】

1. 进行成果汇报，掌握成果汇报展示的方法并进行训练；
2. 评价各组的方案情况；
3. 评价过程中增强学生科技报国的责任担当。

【实施条件】

虚拟仿真实训室，具备连接互联网的计算机。

【实施过程】

环节	操作及说明	注意事项及要求
环节一	以小组为单位交流汇报调研成果，组与组之间提出问题、交流问题，师生互动，要求PPT展示，每组限定时间。汇报要点如下： （1）配送系统的认识。 （2）配送计划的制订。 （3）配送计划的实施。 （4）虚拟仿真系统操作中出现的问题	汇报过程中小组之间注意发现问题，并及时提出问题，之后大家共同讨论解决问题
环节二	学生自评、互评，小组组长点评各个组员的工作成效	
环节三	指导教师给各组评分，并进行有针对性的点评，汇总各组成果。以京东自营仓库货物配送为例进行总结，引导学生养成科学、严谨的工作态度，培养学生操作规范、安全意识及职业道德，增强学生科技报国的责任担当	
环节四	考核评价	
环节五	反思与改进	

【课堂笔记】

【考核评价】

知识巩固与技能提高（40分）			得分：
计分标准： 得分 = 1×单选题正确个数 + 2×多选题正确个数 + 1×判断题正确个数			
学生自评（20分）			得分：
计分标准：初始分 = 2×A的个数 + 1×B的个数 + 0×C的个数 　　　　　得分 = 初始分/26×20			
专业能力	评价指标	自测结果	要求 （A 掌握；B 基本掌握； C 未掌握）
知识目标	1. 配送信息管理系统的含义及功能； 2. 配送信息管理系统的作用； 3. 配送计划的分类； 4. 制订配送计划需考虑的因素	A□　B□　C□ A□　B□　C□ A□　B□　C□ A□　B□　C□	能够理解配送系统的含义及功能，了解配送系统的作用及配送计划的分类，掌握制订配送计划需要考虑的因素

续表

能力目标	1. 能够描述配送系统结构； 2. 掌握配送信息管理系统的功能； 3. 能按照所学知识制订配送计划并实施	A☐ B☐ C☐ A☐ B☐ C☐ A☐ B☐ C☐	掌握配送系统的结构及配送信息管理系统的功能，制订配送计划并实施
素质目标	1. 引导学生养成科学、严谨的工作态度； 2. 培养学生操作规范、安全意识及职业道德； 3. 增强学生科技报国的责任担当	A☐ B☐ C☐ A☐ B☐ C☐ A☐ B☐ C☐	培养学生操作规范、安全意识及职业道德，增强学生科技报国的责任担当
	小组评价（20分）		得分：
计分标准：得分 = 10×A 的个数 + 5×B 的个数 + 3×C 的个数			
团队合作	A☐ B☐ C☐	沟通能力	A☐ B☐ C☐
	教师评价（20分）		得分：
教师评语			
总成绩		教师签字	

项目七

配送业务

项目介绍

配送作业是利用配送车辆将客户订购的货物，按客户要求，在配送中心或物流节点进行货物配备，并以最合理的方式送交客户的经济活动。配送运输通常是一种短距离、小批量、高频率的运输形式，它以服务为目标，以尽可能满足客户要求为优先。具体任务包括路线优化作业、车辆调度作业、车辆配载作业与配送中心作业。

知识目标

- 熟悉配送路线、车辆调度、车辆配载的概念；
- 掌握配送路线优化方法；
- 熟悉配送作业流程且会进行路线优化；
- 掌握车辆调度、配载的原则及要求；
- 掌握车辆配载的计算方法。

能力目标

- 能够根据实际情况规划出最优的送货路线；
- 能够根据客户要求进行配送作业规划；
- 能够根据车辆、货物属性及特征设计出车辆的配载方案；
- 能够熟悉配送中心不同的作业流程。

素质目标

- 培养学生爱岗敬业、不断创新的工作态度；

- 培养学生操作规范、安全意识及职业道德；
- 树立民族自信、道路自信，认识到国家的富强。

工作情景导入

"智能订单分发+精准路径规划"可实现配送效率和体验双赢

人工智能技术已逐渐从典型的应用场景落地向效率化、工业化的成熟阶段演进。与此同时，伴随着即时消费发展和线上线下渠道融合，即时配送的需求和场景越来越丰富，即时配送的订单规模也呈现出快速增长的态势。

在 2022 年世界人工智能大会上，达达快送总经理傅兵发表主题演讲《AI，打造有温度的即时配送新基建》，就 AI 如何助力即时配送行业实现效率和体验双赢进行了深度阐释。

撮合供需实现动态匹配，AI 推动效率与体验双赢

傅兵说，与传统物流多天送达和高度的计划性不同，本地即时配送基于"1 小时达"的核心要求和全渠道、全场景、全品类、全时段的服务特性，订单有着更强的时效性和随机性。

订单需求的快速增长，也为运力供给提出了更高的要求。一方面，骑士群体的规模不断扩大，且骑士配送时间和所处位置都具有很强的随机流动性；另一方面，即时配送已发展出二轮车、四轮车、无人配送在内的多元运力类型。如何保障更高效、更稳定、更优质的配送履约成为即时配送行业优化升级的核心关键。

傅兵表示，即时配送的供需两侧均有着很强的分散性，数据的量级也颇为庞大，这是传统物流运营所难以承载的，需要 AI 作为引擎撮合两侧实现动态匹配。同时我们也要让 AI 更有温度，在实现效率提升的同时，也为客户、商家、骑士都带去更好的配送体验，实现效率与体验的双赢。

优化路径，动态时效，即时配送 AI 应用更具温度

依托智慧物流系统和苍穹大数据等底层技术，达达快送将人工智能在即时配送场景中深度应用，打造智能订单分发系统、精准楼栋定位、动态时效、达达无人配送开放平台等一系列"智慧黑科技"。

达达快送的智能订单分发系统，基于深度学习的接单概率预测、实时路径规划、ETA 预估等 AI 算法，能够实现海量订单和运力的实时动态匹配，既保障订单按时履约，又提升骑士配送效率和配送体验。数据显示，达达快送智能订单分发系统日均规划路径次数高达 1.76 亿次，订单平均响应时间在 10 ms 内，达达快送即时配送服务平均配送时长约 30 min。

在订单配送的"最后一公里"，楼栋定位模糊、难以精准导航往往是骑士交付的最大"痛点"。达达快送通过历史积累的数十亿级骑士骑行轨迹数据，结合订单地址信息，通过 AI 聚类分析算法，精准识别小区内的楼栋定位，有效弥补了三方地图在楼栋定位上的

误差。傅兵在演讲中表示，算法校准后达达快送楼栋坐标准确率提升至95.1%，能够帮助骑士准确找到送货地点，同时，也改善了客户收货体验。

考虑到骑士在取货、配送、末端交付等各个环节可能遇到的实际卡点，如路况复杂、商圈电梯慢、恶劣天气、老小区爬楼等，达达快送通过算法识别订单在各个环节的配送难度，动态延长配送时效，为骑士匹配更合理的配送时间，提升骑士的配送体验和安全性。

另外，达达无人配送开放平台还联合无人车企，实现商超等即时配送场景下的无人配送真实运营。无人配送服务具有稳定性强、适用性高、无接触配送等优势，能够成为骑士运力的有效补充。目前，达达无人配送开放平台已在七鲜超市、永辉超市、山姆会员商店等真实场景中实现常态化应用，累计支持配送超过5万个商超配送订单。

技术革新，让未来步入现实。傅兵表示，从AI与即时配送的融合实践中可以看到，人工智能正在让即时配送变得更智慧，更具温度。在按时达成履约，保障客户体验的同时，又能优化骑士的配送效率、配送体验和安全性保障。

（资料来源：https://www.sohu.com/a/582275372_120823584）

通过上述资料，请思考人工智能是如何助力配送效率提高的。

任务一 路线优化作业

【任务目标】

1. 能够根据实际情况规划出最优的送货路线；
2. 掌握配送路线优化方法；
3. 培养学生爱岗敬业、不断创新的工作态度。

【实施条件】

虚拟仿真实训室，具备连接互联网的计算机。

【实施过程】

环节	操作及说明	注意事项及要求
环节一	通过学习通平台进行微课学习；阅读相关知识；掌握配送路线优化方法，并能够根据实际情况规划出最优的送货路线。 具体内容如下：	（1）以访问调查为主，主要通过专家访问、网络、图书馆、电话咨询等方式进行调研。

续表

环节	操作及说明	注意事项及要求
环节一	（1）教师发布任务，学生学习微课视频，做课前测试题，并以小组为单位试做任务。 （2）利用课程平台发布任务。 （3）小组试做，根据任务商品的属性，结合配送路线考虑要素和优化原则来确定它们的最优配送路线。 （4）小组讨论最优配送路线的设计方案	（2）活动以学生分组的形式进行，小组成员注意分工协作，各司其职，按时完成任务
环节二	小组展示，教师引导	
环节三	（1）根据学生试做情况，发现学生知识的薄弱之处，明确任务难点。 （2）教师引导各小组修改优化配送路线的设计方案。 （3）通过教师引导学习，突破教学重难点	

【知识链接】

两点间最短线路问题

京东智能物流中心

【知识内化】

配送路线是指各送货车辆向各个客户送货时所要经过的路线。配送路线是否合理对配送速度、车辆的合理利用和配送费用都有直接影响，因此，配送路线的优化问题是配送工作的主要问题之一。采用科学、合理的方法来确定配送路线是配送活动中非常重要的一项工作。

1. 配送路线优化的原则

配送路线优化的原则包括以下几项：

（1）准确性最高的原则。准确性是配送中心重要的服务指标。

（2）成本最低的原则。以成本最低为原则，实际上也是选择了以效益最高为目标。

（3）路程最短的原则。如果成本与路程的相关性较强，而与其他因素相关性较弱，可以选择以路程最短为原则。

(4) 效益最高的原则。效益最高的原则是指计算时以利润的数值最大为目标值。

(5) 吨·千米数最小的原则。在节约里程法的计算中，以吨·千米数最小为原则。

(6) 运力利用最合理的原则。

(7) 劳动消耗最低的原则。

2. 配送路线优化的考虑要素

选择配送路线时，应考虑的要素包括以下几项。

(1) 道路情况。道路情况良好，无塌方、暂时不通的情况。

(2) 车辆装载情况。安排适合的车辆及司机，尽可能满载，提高车辆实载率，降低单位运输成本。

(3) 卸货点之间的距离。要选择便于卸货操作的地点。

(4) 每个卸货点的卸货时间。卸货时间的长短直接影响返程能否捎货，以及车辆下一趟运输货物的安排。

(5) 具体的到货时间。具体的到货时间影响到由车程计算的运输开始时间。

(6) 天气条件。天气好坏直接影响车辆走哪条线路及是否绕行等。

(7) 综合情况。车辆、驾驶员、线路等情况的综合考虑。

3. 配送路线优化的约束条件

无论选择哪个目标或实现哪个目标，都有一定的约束条件，只有在满足这些约束条件的前提下才能实现这些目标。一般在进行配送路线的选择时，有以下几个约束条件：

(1) 满足所有收货人对货物品种、规格、数量的要求。

(2) 满足收货人对货物送达时间范围的要求。

(3) 在允许通行的时间段内进行配送。

(4) 配送路线的货物量不得超过车辆容积和载重量的限制。

(5) 在配送中心现有运力允许的范围内优化配送路线。

4. 配送路线优化的方法

配送线路优化的目标与送货作业的目标是一致的，都是使客户满意和成本尽可能降低。从路线的角度，使客户满意的体现就是在路上送货的时间尽可能短，以便尽快地交付到客户手中。要想时间短，则可以从两个方面实现，即送货速度快或送货路程短。速度快往往意味着费用高，成本控制方面压力较大；而路程短则可以在同等的时间内以相对较为经济的速度满足客户的要求。路程短可以使各项送货成本均得到一定程度的降低，因此，通常配送路线的优化选择都是以路程最短为原则来进行的。下面介绍最短路线设计的主要方法。

根据送货作业的实际情况,送货业务中出现最多的是以下两种情况:从单个配送中心向单个客户往返送货;从单个配送中心向多个客户循环送货后返回。这两种情况的最短配送路线设计可以归结为两类问题,即两点间最短路线问题和单起点多回路最短路线问题。

(1)两点间最短路线问题。在配送线路设计中,当配送的起点和终点都只有一个,即由一个配送中心向一个特定的客户进行专门送货时,这种情况一般是针对优质的主要客户,客户的送货需求量大且对到达时间准确性要求较高,需专门派一辆或多辆车一次或多次送货。这样配送的重点在于节省时间、多装快跑,提高送货时间的准确性。另外,在构造配送中心的配送网络路线图时,需要计算配送中心与每位客户的最短距离路线。这些都可以归结为配送线路设计时,寻求两点间的最短路径的问题。下面用一个实例来说明解决此问题的方法。

如图 7-1 所示为某配送中心与一位客户之间的公路网络示意图。O 起点为配送中心所在位置,P 终点为客户所在位置,其他 A、B、C、D 代表从 O 到 P 途中要经过的节点,节点与节点之间由线路连接,线路上标明了两个节点之间的距离,以运行时间(分钟)表示(当然也可以用距离表示)。现在要在该图找出一条从配送中心(O 起点)到客户(P 终点)之间的最短路线。

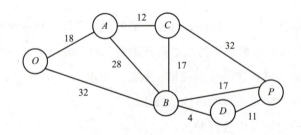

图 7-1 公路网络示例

在这个图中,起点是 O 点,与 O 点直接连接的节点有 A、B 点。首先,可以看到 A 点是距 O 点最近的节点,记为 OA,由于 A 点是唯一选择,所以它成为已解的节点。然后,找出距 O 点和 A 点最近的未解的节点,列出距各个已解的节点最近的节点,有 $O—B$、$O—A—C$、$O—A—B$。

注意从起点通过已解的节点到某节点所需的时间应该等于到达这个已解节点的最短时间加上已解节点与未解节点之间的时间,也就是说,从 O 点经过 A 点到达 B 点的距离为 $OA+AB=18+28=46$(min),同样,从 O 点到达 C 点的时间为 30 min;而从 O 点直达 B 点的时间为 32 min。现在从 O 点到 C 点的距离最短,C 点也成了已解的节点。

重复上述过程直到到达终点 P,最短的路线距离是 47 min,最短的路线为 $O—B—D—P$。

（2）单起点多回路最短路线问题。单起点多回路最短路线是指由一个配送中心向多个客户进行循环送货，送货车辆送完货后再返回配送中心。由于受送货时间及送货线路里程的制约，通常不可能用一条线路为所有客户送货，而是设计数条送货线路，每条线路为某几个客户送货。同一条线路上有一辆配装着这条线路上所有客户需求货物的车，按照预先设计好的最佳线路依次将货物送达该线路上的每位客户，并最终返回配送中心。负责送货的车辆装载的这条线路上所有客户货物的总量不能大于车辆的额定载重量，而且车辆在这条线路上每次运行的总里程不能超过配送线路的合理限度。找到这些送货线路的最短路线可保证按客户要求将货物及时送到，且能节约车辆行驶里程，缩短送货的整体时间，节省费用，还能客观上减少交通流量，缓解交通紧张压力，响应国家节能减排的政策。

解决单起点多回路最短路线问题最常用的方法是"节约里程法"，可以采用并行方式和串行方式来优化行车距离，是形成人工和计算机计算单起点多回路最短路线的基础，用来解决运输车辆数目不确定的问题，又称节约算法或节约法。

①节约里程法的基本思想（图7-2）。为达到高效率的配送，使配送的时间最短、距离最短、成本最低而寻找的最佳配送路线。

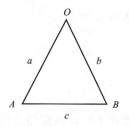

图7-2 节约里程法基本思想

O 点为配送中心所在地，A 和 B 为客户所在地，三者相互间的道路距离分别为 a、b、c。要从配送中心 O 运送货物给客户 A 和 B，第一条路线是 $O—A—O$ 及 $O—B—O$，总距离为 $a+a+b+b=2a+2b$；第二条路线是 $O—A—B—O$，总距离为 $a+b+c$。结合客户综合考虑，在第二种方案下行驶路线的节约里程数是 $(2a+2b)-(a+b+c)$，即 $a+b-c$。

②节约里程法的基本规定。利用节约里程法确定配送路线的主要出发点：根据配送中心的运输能力、配送中心到各位客户及各位客户之间的距离来制订使总的车辆运输的吨·千米数最小的配送方案。另外，还需满足以下条件：所有客户的要求；不使任何一辆车超载；每辆车每天的总运行时间或行驶里程不超过规定的上限；要考虑客户要求的交货时间，即一条线路的送货总里程不能太长，否则会影响向客户交货时间的准确性。

③节约里程法的注意事项。节约里程从不为负。因为三角形的两条边之和总是大于第三条，所以节约里程数从不为负；将客户连接起来，增加了节约的里程；客户之间的距离越

近,而且它们距离配送中心越远,那么节约里程就会越大;这个方法也可以用时间来代替距离计算。

(3) 启发式方法。

①启发式方法的含义。启发式方法有时也称为逐次逼近法,即简单求出初始解,然后利用一些经验法反复计算、修改初始解,并通过模仿人的跟踪校正过程使之逐步达到最优解的方法。该方法对于求解非确定性决策,是一种有效的方法。

启发式方法就是把决策过程中的黑箱变成明确的决策准则,也就是研究简化问题、解决问题的启发过程,即采取什么样的启发式方法,为何种特定问题选用特定的寻优过程,以及以什么样的顺序进行寻找可行解等问题。

虽然启发式过程是从决策者的思考过程中推导出来的,但是一经把它明确起来,并且编成计算机程序,求解过程就会大大加快。目前,启发式方法不仅能模拟实际的决策过程,而且也能通过计算机求解一些人工无法处理的复杂问题。

②启发式方法的特点。传统的优化方法为了能够应用最优化的计算过程,就要把决策问题结构化。与此相反,启发式方法为了求得可接受的可行解,就要适应特定问题的性质去发现、得到接近最小成本的方法,具体步骤如下:

a. 求出初始解;

b. 求出第二次解;

c. 求出最优解。

在物流管理领域中,运筹方法得到了广泛的应用,以上介绍的控制方法或最优决策等都是建立在运筹方法的基础上。运筹方法是数量化的方法,它包括多种最优化方法。运用这些方法对有限资源(人力、物力、财力、时间、信息)等进行计划组织、协调和控制,以达到最佳效果。同一种优化可以用于不同领域,用来解决不同的实际问题。如网络技术可以用来安排生产计划,也可以用来解决运输问题。另外,对于同一类问题,又可以用不同的方法解决。如运输问题可以用线性规划求解,也可以用上述作业法和网络图求解。可以根据问题的复杂程度和限制条件选择不同的求解方法。

(4) 经验调度法和运输定额比法。在有多种车辆时,车辆使用的经验原则为尽可能使用能满载运输的车辆进行运输。如运输 5 t 的货物,安排一辆 5 t 载重量的车辆运输。在能够保证满载的情况下,优先使用大型车辆,且先载运大批量的货物。一般来说,大型车辆能够保证较高的运输效率,较低的运输成本。如某建材配送中心,某日需运输水泥 580 t、盘条 400 t 和不定量的平板玻璃。该中心有大型车 20 辆、中型车 20 辆、小型车 30 辆。各种车每日只运输一种物质,运输定额见表 7-1。

表 7-1 车辆运输定额   t/（日·辆）

车辆种类	运水泥	运盘条	运玻璃
大型车	20	17	14
中型车	18	15	12
小型车	16	13	10

根据经验派车法确定，车辆安排的顺序为大型车、中型车、小型车。货载安排的顺序为水泥、盘条、玻璃。得出派车方案见表 7-2，共完成货运量 1 090 t。

表 7-2 经验派车法

车辆种类	运水泥车辆数	运盘条车辆数	运玻璃车辆数	车辆总数
大型车	20	—	—	20
中型车	10	10	—	20
小型车	—	20	10	30

根据以上车辆的运输能力，可以按表 7-3 计算每种车运输不同货物的定额比。

表 7-3 车辆运输定额比

车辆种类	运水泥/运盘条	运盘条/运玻璃	运水泥/运玻璃
大型车	1.18	1.21	1.43
中型车	1.2	1.25	1.5
小型车	1.23	1.3	1.6

其他种类的定额比都小于 1，不予考虑。在表 7-3 中，中、小型车运水泥的定额比最高，因此，要先安排小型车运输水泥；其次，由中型车运输盘条；剩余的由大型车完成。可得表 7-4 所示的派车方案，共完成货运量 1 105 t。

表 7-4 定额比优化派车法

车辆种类	运水泥车辆数	运盘条车辆数	运玻璃车辆数	车辆总数
大型车	5	5	10	20
中型车	—	20	—	20
小型车	30	—	—	30

【做中学　学中做】

一、单项选择题

解决单起点多回路的最短路线问题最常用的方法是（　　　）。

A. 节约时间法　　　B. 节约里程法　　　C. 启发式方法　　　D. 传统优化方法

二、多项选择题

1. 在使用节约里程法时，需要注意的事项有（　　　）。

A. 节约里程数从不为负

B. 客户连接起来，增加了节约里程数

C. 客户之间的距离越近，而且他们距离配送中心越远，那么节约里程数就会越大

D. 该方法可以用时间来代替距离进行计算

2. 简单求出初始解，然后利用一些经验法则反复计算，修改初始解，并通过模仿人的跟踪矫正过程，使之逐步达到最优解的方法是（　　　）。

A. 节约里程法　　　B. 节约时间法　　　C. 启发式方法　　　D. 逐次逼近法

3. 节约里程法的基本思想是为实现高效率的配送，使（　　　）而寻找的最佳配送路线。

A. 配送时间最短　　　B. 配送距离最短　　　C. 配送成本最低　　　D. 配送人员最省

三、简答题

1. 配送路线优化的原则包括哪些内容？

2. 配送路线优化需要考虑哪些要素？

【思考与练习】

请思考：在运送货物过程中，如何进行路线优化？有哪些具体的方法？

任务二　车辆调度作业

【任务目标】

1. 结合商品属性掌握车辆调度的原则及要求；

2. 掌握车辆调度程序；

3. 培养学生操作规范、安全意识及职业道德。

【实施条件】

虚拟仿真实训室，具备连接互联网的计算机。

【实施过程】

环节	操作及说明	注意事项及要求
环节一	通过学习通平台进行微课学习；阅读相关知识；了解车辆调度的原则及要求，结合商品属性掌握车辆调度程序。 具体内容如下： （1）教师发布任务，学生学习微课视频，做课前测试题，并以小组为单位试做任务。 （2）利用课程平台发布任务。 （3）小组试做，根据不同商品的属性来设计并优化掌握车辆调度程序。 （4）小组讨论如何做好车辆调整	（1）以室内调查为主，主要通过网络、图书馆、电话咨询等方式进行调研。 （2）活动以学生分组的形式进行，小组成员注意分工协作，各司其职，按时完成任务
环节二	小组展示，教师引导	
环节三	（1）根据学生试做情况，发现学生知识的薄弱之处，明确任务难点。 （2）教师引导各小组修改优化车辆调度方案。 （3）通过教师引导学习，突破教学重难点	

【知识链接】

请扫码阅读知识链接。

疫情后的生鲜配送

【知识内化】

车辆调度是指制订行车路线，使车辆在满足一定的约束条件下，有序地通过一系列装货点和卸货点，达到诸如路程最短、费用最低、耗时最少等目标。

1. 车辆调度作业的基本原则

（1）按制度调度。坚持按制度办事，按车辆使用的范围和对象派车。

（2）科学合理调度。所谓科学，就是要掌握单位车辆使用的特点和规律。合理调度就是要按照现有车辆的行驶方向，选择最佳行车路线，不跑弯路和绕道行驶，不在一条线路上重复派车。一般情况下，车辆不能一次派完，要留备用车辆，以应急需。

（3）灵活机动调度。所谓灵活机动，就是对于制度没有明确规定而确定需要用车的、紧急的，要从实际出发，灵活机动，恰当处理，不能误时误事。

2. 车辆调度作业的特点

（1）计划性。汽车运输调度工作，必须以生产经营计划，特别是以运行作业计划为依据，要围绕完成计划任务来开展调度业务。同时，调度人员要不断总结经验，协助计划人员提高生产经营计划的编制质量。

（2）权威性。调度工作必须高度集中统一。要建立一个强有力的生产调度系统，各级调度部门是同级生产指挥员的有力助手。他们应按照计划和临时生产任务的要求，发布调度命令，下一级生产部门和同级有关职能部门必须坚决实行。各级领导人员应当维护调度部门的权威。

3. 车辆调度程序

（1）做好用车预约。应坚持做到当班用车一小时前预约，下午用车上午预约，次日用车当日预约，夜间用车下班前预约，集体活动用车两天（三天）前预约，长途用车三天或一周前预约等。调度对每日用车要心中有数，做好预约登记工作。

（2）做好派车计划。调度根据掌握的用车时间、等车地点、乘车人单位和姓名、乘车人数、行车路线等情况，做计划安排，并将执行任务的司机姓名、车号、出车地点等在调度办公室公布或口头通知司机本人。

（3）做好解释工作。对未能安排上车辆，或变更出车时间的人员，要及时说明情况，做好解释工作，以减少误会，或造成误事。

调度工作应做到原则性强，坚持按制度办事，不徇私情；要有科学性，即掌握单位车辆使用的特点和规律；还要加强预见性，做好车辆调度的准备工作。

4. 车辆调度要求

（1）车辆调度的总体要求。各级调度应在上级领导下，进行运力和运量的平衡，合理安排运输，直接组织车辆运行并随时进行监督和检查，保证月度生产计划的实现。具体要求如下：

①根据运输任务和运输生产计划，编制车辆运行作业计划，并通过作业运行计划组织企业内部的各个生产环节，使其形成一个有机的整体，进行有计划的生产，最大限度地发挥汽车运输潜力。

②掌握货物流量、流向、季节性变化，全面细致地安排运输生产，并针对运输工作中存在的主要问题，及时反映，并向有关部门提出要求，采取措施，保证运输计划的完成。

③加强现场管理和运行车辆的调度指挥，根据调运情况，组织合理运输，不断研究和改进运输调度工作，以最少的人力、物力完成最多的运输任务。

④认真贯彻汽车预防保养制度，保证运行车辆能按时调回进行保养，严禁超载，维护车辆技术状况完好。

（2）车辆调度人员的责任要求。为了做好各项工作，一般调度部门设置计划调度员、值班调度员、综合调度员和调度长。

①计划调度员的责任要求。编制、审核车辆平衡方案和车辆运行作业计划，并在工作中贯彻执行，检查总结。掌握运输计划及重点物资完成情况，及时进行分析研究，提出措施和意见。

②值班调度员的责任要求。正确执行车辆运行计划，发布调度命令，及时处理日常生产中发生的问题，保证上下级调度机构之间的联系。随时了解运输计划和重点任务完成进度，听取各方面反映，做好调度记录，发现有关情况及时向领导指示、汇报。随时掌握车况、货况、路况，加强与有关单位的联系，保证单位内外协作。签发行车路单，详细交代任务和注意事项。做好车辆动态登记工作，收集行车路单及有关业务单据。

③综合调度员的责任要求。及时统计运力及其分布、增减情况和运行效率指标。统计安全运输情况。统计运输生产计划和重点运输完成进度。统计车辆运行作业计划的完成情况及保养对号率。及时进行有关资料的汇总和保管。

④调度长的责任要求。全面领导和安排工作，在调度工作中正确地贯彻执行有关政策法令，充分地发挥全组人员的积极性，确保运输任务的完成。

（3）调度工作的"三熟悉、三掌握、两了解"。调度人员通过调查研究，对客观情况必须做到"三熟悉、三掌握、两了解"。

①三熟悉。熟悉各种车辆的一般技术性能和技术状况、车型、技种、吨位容积、车身高

度、自重、使用性能、拖挂能力、技术设备、修保计划、自编号与牌照号、驾驶员姓名；熟悉汽车运输的各项规章制度、安全工作条例、交通规则、监理制度的基本内容；熟悉营运指标完成情况。

②三掌握。掌握运输路线、站点分布、装卸现场的条件及能力等情况并加强与有关部门的联系；掌握货物流量、流向、货种性能、包装规定，不断地分析、研究货源物资的分布情况，并能加强有关部门的联系；掌握天气变化情况。

③两了解。了解驾驶员技术水平和思想情况、个性、特长、主要爱好、身体健康情况、家庭情况等；了解各种营运单据的处理程序。

（4）车队的工作要求。车队在生产上的工作应围绕和服务于汽车进行，为使运行安排和调度命令能够顺利实施，应做好以下工作：

①加强对驾驶人员服从调度指挥教育，对不服从调度指挥的驾驶员应进行帮助教育。

②车队应经常和调度室取得联系，及时将车队的车辆技术状况、驾驶人员身体情况和完成任务等情况告诉调度室，并出席有关业务会议。

③驾修合一，车队应按计划保修车辆，提高保修质量，为运输生产提供安全、质好、量大的运车。

④及时收集和反映对调度工作的意见，帮助改进调度工作。

⑤车队应主动配合调度部门的工作，不要干预车辆运行。驾驶人员应服从调度指挥，严禁无调度行车，如对调度有意见，应向车队和调度室反映，在调度未作更改以前仍不得拒绝执行。

调度部门编制好车辆运行计划，仅仅是调度工作的开始，更主要的是要保证车辆运行计划的全面实施。在运输生产过程中，调度人员既是运输生产的参谋，又是车辆运行的指挥人员；既是工人、驾驶人员、勤务人员，又是宣传人员。驾驶人员必须听从调度人员的指挥。

在行车作业中，驾驶人员遇到各种障碍，调度人员可以从组织上、技术上给予帮助，消除障碍。凡是作业计划打乱，不能及时完成，调度人员可以适当采取措施，调剂运力，恢复正常运行；如果车辆发生故障，也可与调度人员联系派车修理。调度人员还可以将各种道路、货源、现场、装卸等变化及时通知驾驶人员，以免造成不必要的损失。驾驶人员在行车中必须听从调度人员的指挥，驾驶人员还应将行车中发生的千变万化的情况，及时反映给调度部门，以进一步完善货运计划。

【做中学　学中做】

一、单项选择题

1. 制订行车路线，使车辆在满足一定的约束条件下，有序地通过一系列装货点和卸货点，达到诸如路程最短、费用最小、耗时最少等目标，指的是（　　）。

A. 配送路线优化　　B. 配送路线制订　　C. 车辆调度　　D. 车辆配载

2. 汽车运输调度工作，必须以（　　）为依据，要围绕完成计划任务来开展调度业务。

A. 运行作业计划　　B. 车辆配载计划　　C. 货物装运计划　　D. 行车路线计划

3. 集体活动时应该（　　）进行约车。

A. 用车一两天前预约

B. 用车两三天前预约

C. 用车三四天前预约

D. 用车提前一天预约

4. 下面关于车辆调度说法正确的是（　　）。

A. 在一般情况下，车辆不能一次派完，要留备用车辆，以应急需

B. 调度员必须听从驾驶员的指挥

C. 可在一条线路上重复派车

D. 调度部门编制好车辆运行计划，就可以调度车辆了

5. 车辆调度程序正确的是（　　）。

A. 派车计划—用车预约—做好解释工作

B. 用车预约—派车计划—做好解释工作

C. 派车计划—解释工作—用车预约

D. 用车预约—做好解释工作—派车计划

二、多项选择题

1. 车辆在进行调度时需遵循的原则有（　　）。

A. 按制度原则　　　　　　　　B. 科学合理调度原则

C. 弹性机动调度原则　　　　　D. 车辆预约原则

2. 车辆调度需要"三熟悉、三掌握、两了解"，其中的"三掌握"是指（　　）。

A. 掌握运输路线、站点分布、装卸现场的条件及能力等情况

B. 掌握货物流量、货种性能、包装规定，不断地分析研究货源物资的分布等情况

C. 掌握各种营运单据的处理程序

D. 掌握天气变化情况

3. 关于车辆的调度，做好用车预约，应做到（　　）。

A. 当班用车一小时前预约　　　B. 下午用车上午预约

C. 次日用车当日预约　　　　　D. 夜间用车下班前预约

4. 计划调度员的职责有（　　）。

A. 编制、审核车辆平衡方案和车辆运行作业计划

B. 统计运输生产计划和重点运输完成进度

C. 掌握运输计划及重点物资完成情况，及时进行分析研究

D. 统计安全运输情况

5. 车队为使车辆运行安排和调度命令能够顺利实施，应做好（   ）工作。

A. 加强对驾驶人员服从调度指挥教育

B. 车队应经常和调度室取得联系

C. 及时收集和反映对调度工作的意见，帮助改进

D. 车队应主动配合调度部门的工作，不要干预车辆运行

【思考与练习】

如何做好车辆调度工作？应遵循什么原则？

任务三　车辆配载作业

【任务目标】

1. 结合商品属性掌握车辆配载的原则和提高车辆配载效率的方法；
2. 掌握车辆配载的计算方法；
3. 培养学生操作规范、安全意识及职业道德。

【实施条件】

虚拟仿真实训室，具备连接互联网的计算机。

【实施过程】

环节	操作及说明	注意事项及要求
环节一	通过学习通平台进行微课学习；阅读相关知识；掌握车辆配载的原则及提高配载效率的方法。具体内容如下： （1）教师发布任务，学生学习微课视频，做课前测试题，并以小组为单位试做任务。 （2）利用课程平台发布任务。 （3）小组试做，根据不同商品的属性来确定它们的最佳配载方法。 （4）小组讨论如何提高车辆配载率	（1）以室内调查为主，主要通过网络、图书馆、电话咨询等方式进行调研。 （2）活动以学生分组的形式进行，小组成员注意分工协作，各司其职，按时完成任务
环节二	小组展示，教师引导	
环节三	（1）根据学生试做情况，发现学生知识的薄弱之处，明确任务难点。 （2）教师引导各小组进行车辆配载的计算。 （3）通过教师引导学习，突破教学重难点	

【知识链接】

请扫码阅读知识链接。

菜鸟智能配送

配送车辆积载与配载

【知识内化】

车辆配载是货物装车之前一项细致、复杂而又十分重要的工作。它是保证车货安全、合理使用车辆、正确组织装卸、顺利完成货物运输的重要环节。在配载时，除对人员进行系统培训外，还需指导装卸工人按配载计划表的装货顺序、部位装车。

1. 车辆配载的概念及车辆运输生产率

（1）车辆配载的概念。配送中心所配送货物的特点是种类多、数量少，一种货物不足以装满一辆车，而且不同货物的比重、体积及包装形式各不同，在装车时，既要考虑车辆的载重量，又要考虑车辆的容积，因此就需要车辆配载。车辆配载是指在充分保证货物质量好和数量正确的前提下，尽可能提高车辆在容积和载重量两个方面的装载量，以提高车辆利用率，节省运力，降低配送费用。

（2）车辆运输生产率。车辆运输生产率是一个综合性指标，是一系列效率指标的综合表现。在车辆的运行组织中，除车辆行程利用率外，还有一个重要指标就是吨位利用率。

车辆按核定吨位满载运行时，表示车辆的载运能力得到了充分的利用。而在实际工作中，则会因不同货物配送的流量、流向、流时、流距及运行中的某些问题，造成车辆未能按核定吨位满载运行。车辆在重载运行中载运能力的利用程度通常用吨位利用率指标来考察。

$$吨位利用率 = （实际完成周转量/总载运行程额定载重量）\times 100\%$$

配送运输车辆的吨位利用率应保持在100%，即按车辆核定吨位装足货物，既不要亏载，造成车辆载重能力浪费，也不要超载，这也是不合理的。如超载，则可能造成车辆早期损坏和过度磨损，同时，还会增加车辆运行燃料、润料的消耗，而且车辆容易发生运行事故，可能给企业、货主带来重大的损失。

2. 配送车辆亏载的原因

（1）货物特性。如轻泡货物，由于车厢容积的限制和运行限制（主要是超高），而无法装足吨位。

（2）货物包装情况。如货物包装容器的体积不与车厢容积成整倍数关系，则无法装满车厢。

（3）不能拼装运输。如遇此情况，则应尽量选派核定吨位与所配送的货物数量接近的车辆进行运输，或按有关规定减载运行，如有些危险品货物必须减载运送才能保证安全。

（4）装载技术的原因。主要因装载技术不恰当而造成不能装足吨位的情况。

3. 车辆配载的原则

（1）坚持直达原则。凡是可以直达运送的货物，必须直达运送；必须中转的货物，应按合理流向配载，不得任意增加中转环节。

（2）坚持"四先运"原则。"四先运"包括中转先运、急件先运、先托先运与合同先运。对一张托运单和一次中转的货物，须一次运清，不得分批运送。

（3）中途预报原则。提高预报中途各站的待运量，并尽可能使同站装卸的货物在吨位和容积上相适应。

(4)性质搭配原则。拼装在一个车厢内的货物,其化学性质、物流属性不能相互抵触。如不能将散发臭味的货物与具有吸附性的货物混装,不能将散发粉尘的货物与清洁货物混装。

(5)轻重搭配原则。车辆装货时,将重货置于底部,轻货置于上部,避免重货压坏轻货,且注意装入货物的总重量不超过车辆额定的载重量。

(6)大小搭配原则。为了充分利用车厢的内容积,可在同一层或上下层合理搭配不同尺寸的货物,以减小厢内的空隙,防止在车辆运行中因发生振动而造成的货物倒塌和破损,且注意大不压小。

(7)合理堆置原则。货物堆放要前后、左右、上下重心平衡,以免发生翻车事件。同一批货物应堆置在一起,货签应向外,以便工作人员识别。运距较短的货物,应堆放在车厢的上面或后面,以便卸货作业顺利进行。

(8)后送先装原则。即同一车中有目的地不同的货物时,要将先到站的货物放在易于装卸的外面和上面,后到站的货物放在里面和下面,而且货与货之间、货与车辆之间应留有空隙并适当添加衬垫,防止货物损坏。

(9)一次配载原则。到同一地点的适合配装的货物,应尽可能一次配载,尽可能多地装入货物,充分利用车辆的有效容积和载重量。

除此之外,配送车辆的载重能力和容积能否得到充分的利用,与货物本身的包装规格有很大关系。小包装的货物容易降低亏箱率,同类货物用纸箱包装比用木箱包装亏箱率要低一些。但是,亏箱率的高低还与采用的配载方法有关,因此,恰当的配载方法能使车厢内部的高度、长度、宽度都得到充分的利用。

4. 提高车辆配载效率的方法

(1)依据货物性质调配车辆。根据客户所需要的货物品种和数量,调配适宜车型的车辆承运,这就要求配送中心根据经营商品的特性,配备合适的车辆。

(2)尽可能拼装运输。凡是可以拼装运输的,尽可能拼装运输,但要防止出现差错。

(3)综合考虑车辆、货物、客户距离。研究各类车厢的装载标准,根据不同货物和不同包装体积的要求,并结合客户与配送中心距离的远近,合理安排装载顺序,努力提高装载技术和操作水平,力求装足车辆核定吨位。

5. 车辆配载的计算方法

厢式货车有确定的车厢容积,车辆的载货容积为确定值,设车厢容积为 V,车辆载重量为 W。现要装载质量体积比为 R_1、R_2 的两种货物,使车辆的载重量和车厢容积均被充分利用。设两种货物的配装重量为 W_1、W_2,则

$$W_1 + W_2 = W$$

$$W_1 R_1 + W_2 R_2 = V$$
$$W_1 = (V - WR_2) \div (R_1 - R_2)$$
$$W_2 = (V - WR_1) \div (R_2 - R_1)$$

【例 7-1】 某物流公司接到一个配载任务，需运送水泥和玻璃两种货物，水泥的质量体积比为 0.9 立方米/吨，玻璃的质量体积比为 1.6 立方米/吨。计划使用车辆的载重量为 11 吨，车厢容积为 15 立方米。经理要求业务员利用现有条件对这两种货物进行合理配载，使车辆的载重量和容积能被充分利用。

解：设水泥的载重量为 W_1，玻璃的载重量为 W_2。

其中：$V = 15$ 立方米，$W = 11$ 吨，$R_1 = 0.9$ 立方米/吨，$R_2 = 1.6$ 立方米/吨

$W_1 = (V - WR_2) \div (R_1 - R_2) = (15 - 11 \times 1.6) \div (0.9 - 1.6) = 3.71$（吨）

$W_2 = (V - WR_1) \div (R_2 - R_1) = (15 - 11 \times 0.9) \div (1.6 - 0.9) = 7.29$（吨）

通过计算最终确定装水泥 3.71 吨、玻璃 7.29 吨可使车辆满载。

6. 装车准备工作

(1) 整理各种随货同行单据，包括提货联、随货联、托运单、零担货票及其他附送单据，按中转、直达区分开。

(2) 按车辆容积、载重量和货物的形状、性质进行合理配载，填制配装单和货物交接清单。填单时应按货物先远后近、先重后轻、先大后小、先方后圆的顺序填写，以便按单顺次装车，对到达站不同和需要中转的货物要分单填制，不得混填一单。

(3) 将整理后的各种随货单证，分别附于交接清单后面。

(4) 按单核对货物堆放位置，做好装车标记。

7. 装车组织

装车组织内容主要包括备货、交代装车任务、装车、监装。装车作业是货物运送过程中的一项重要内容。其注意事项如下：

(1) 装车前。装车前应将车厢清扫干净，清理库场和作业道路，准备好相应的垫隔物料，调配好装（卸）人力和班组，并在车辆的公共场所公布配载计划图，以便装卸工班、理货人员掌握各车配装货种和装载要求。

(2) 装车时。

①按交接清单的顺序和要求，点件装车。沉重的、长大的或包装结实的零担货物，宜放在车厢的下层。货物装好后，要复查货位，防止错装、漏装、误装。

②起运地装车，严格遵守操作规程和货运质量标准，合理使用装卸机具，轻搬轻放，使破包不装车，重不压轻，木箱不压纸箱，箭头向上，堆码整齐。将贵重物品放在防压、防撞

的位置，保证运输安全。

③起运地装车，应做到一票一清。应在每票装车结束前检查货场、车辆、作业线路有无漏装、掉件，发现漏装及时补装，发现掉件，应及时拣归原批。

（3）装车后。

①装车作业完成以后，应仔细检查货物的装载状态，清点随货单证，并将货票与交接清单逐笔对照，确认无误后随车理货员或驾驶员在交接清单上签章。

②检查车辆关锁、遮盖、捆扎等情况。

③装车完毕后，仓库方应将运单、交接清单、积载图（表）等整理好交给车方，办好交接手续。在规定的办理交接时间内，未办妥交接签证手续的，车辆不得开行。车辆开行后，仓库方应及时准确地向到达地拍发分车货电。

④计划配装的货物，原则上不允许退装。如因故必须退装，起运地应与车辆协商同意。换装地对一次转运有困难的大宗货物，可以分批转运。

【做中学　学中做】

一、单项选择题

同一车中有目的地不同的货物时，要把先到站的货物放在易于装卸的外面和上面，后到站的货物放在里面和下面，而且货与货之间、货与车辆之间应留有空隙并适当衬垫，防止货损，这体现了车辆配载中的（　　）。

A. 中途预报原则　　B. 轻重搭配原则　　C. 合理堆置原则　　D. 后送先装原则

二、多项选择题

1. 装车准备工作包括（　　）。

A. 整理各种随货同行单据，包括提货联、随货联、托运单、零担货票及其他附送单据，按中转、直达区分开

B. 按车辆容积、载重量和货物的形状、性质进行合理配载，填制配装单和货物交接清单。填单时应按货物先远后近、先重后轻、先大后小、先方后圆的顺序填写，以便按单顺次装车，对到达站不同和需要中转的货物要分单填制，不得混填一单

C. 将整理后的各种随货单证，分别附于交接清单后面

D. 按单核对货物堆放位置，做好装车标记

2. 车辆配载原则包括（　　）。

A. 坚持直达原则　　　　　　　　　B. 坚持"四先运"原则

C. 性质搭配原则　　　　　　　　　D. 轻重搭配原则

E. 后送先装原则

3. 提高车辆配载效率的方法有（　　）。

A. 依据货物性质调配车辆　　　　　B. 尽可能拼装运输

C. 综合考虑车辆、货物、客户距离　　D. 坚持直达原则

4. 如遇到不能拼装运输的情况，则应尽量做到（　　）。

A. 提高车辆利用率

B. 尽可能分开配载

C. 选派额定吨位与所配送的货物数量接近的车辆进行运输

D. 减载运输

5. 在车辆配载当中，坚持"四先运"原则，它们是（　　）。

A. 中转先运　　　B. 急件先运　　　C. 先托先运　　　D. 合同先运

E. 先发先运

【思考与练习】

如何进行车辆的配载？怎样提高车辆配载效率？

任务四　配送中心作业

【任务目标】

1. 掌握配送中心不同的作业流程；

2. 熟悉配送中心的组织结构；

3. 树立民族自信、科技自信，认识到国家的富强；

4. 培养学生具有科技创新、技术创新的意识及能力。

【实施条件】

虚拟仿真实训室，具备连接互联网的计算机。

【实施过程】

环节	操作及说明	注意事项及要求
环节一	通过学习通平台进行微课学习；阅读相关知识；掌握配送中心不同的作业流程。具体内容如下： （1）教师发布任务，学生学习微课视频，做课前测试题，并以小组为单位试做任务。 （2）利用课程平台发布任务。 （3）小组试做，根据教师指定商品业务设计配送中心业务流程。 （4）小组讨论如何做好理货与配货	（1）以室内调查为主，主要通过网络、图书馆、电话咨询等方式进行调研。 （2）活动以学生分组的形式进行，小组成员注意分工协作，各司其职，按时完成任务
环节二	小组展示，教师引导	
环节三	（1）根据学生试做情况，发现学生知识的薄弱之处，明确任务难点。 （2）教师引导各小组修改优化配送中心作业流程。 （3）通过教师引导学习，突破教学重难点	

【知识链接】

请扫码阅读知识链接。

配送中心

配送中心的作业流程

【知识内化】

配送中心作为可提高流通企业组织化程度、实现集约化经营、优化社会资源配置、创造规模效益、实现流通现代化的有效形式，已被企业和社会广泛接受并积极推进。但是应该建成怎样的配送中心、如何规划仍是企业首先面对并需要解决的问题。

1. 配送中心的作业流程

不同类型的配送中心，其业务活动的方式不同，故其作业流程长短也不同，内容各异，通常可分为一般的作业流程和特殊的作业流程两种。

（1）配送中心的一般作业流程。一般作业流程是指配送中心作为一个整体在进行货物配送作业时所展现的基本工艺流程。从一定意义上说，一般作业流程也就是配送中心的总体运动所显示的工艺流程，如图 7-3 所示。

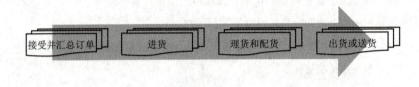

图 7-3　配送中心的一般作业流程

①接受并汇总订单。无论从事何种货物配送活动，配送中心都有明确的服务对象，因此，在未曾进行实质性配送活动之前，配送中心的专门机构要以各种方式收集用户的订货通知单并汇总订单。按照惯例，接受配送服务的各位客户一般要在规定的时间内将订货单或要货通知单交给配送中心，后者则在规定的时间截止之后将各位客户的订货单进行汇总，以此来确定所要配送的货物种类、规格、数量和配送时间等。

收集和汇总客户的订货单或要货通知单是配送中心组织与调度进货、理货、送货等活动的重要依据。它是配送中心作业流程的开端。

②进货。配送中心的进货流程包括以下几种作业：

a. 订货。配送中心收到和汇总客户的订货单以后，首先要确定配送货物的种类和数量，然后要查询本系统现有库存物资中有无所需要的现货。若有现货，则转入拣选流程；若没有现货，或虽然有现货但数量不足，则要及时向供应商发出订单，进行订货。有时，配送中心也根据各客户需求情况或商品销售情况及时与供应商签订协议，提前订货，以备发货。

b. 接货验收。通常，在商品资源宽裕的条件下，配送中心向供应商发出订单之后，后者会根据订单的要求很快组织供货，配送中心的有关人员接到货物以后，先在送货单上签收，然后采取一定的手段对接收的货物进行货物质量和数量的检验。若与订货合同要求相符，则很快转入分拣程序；若不符合合同要求，配送中心将详细记载差错情况，并且拒收货物。按照规定，质量不合格的商品将由供应商自行处理。

c. 分类。对于生产商送交来的商品，经过有关部门验收之后，配送中心的工作人员随即按照类别、品种将其分开，或分门别类地存放到指定的仓位和场地，或直接进行下一步操作——加工和拣选。

d. 储存。为了保证配送活动的正常运行，也为了享受价格上的优惠待遇，有些配送中心常常大批量进货，继而将货物暂时储存起来。

③理货和配货。为了顺利、有序地出货，以及为了便于向众多的客户发送商品，配送中心一般要对组织进来的各种货物进行整理，并依据订单要求进行组合。理货和配货是整个作业流程最关键的环节，也是配送运动的实质性内容。从理货、配货流程的作业内容来看，它是由以下几项作业构成的：

a. 加工作业。在配送中心所进行的加工作业，有的属于初级加工活动，如按照客户的要求，把一些原材料切割或截成一定尺寸的坯件，将长材、大材改制成短材、小材等；有的属于辅助性加工活动，如按照与生产企业达成的协议，在配送中心给服装等商品拴上标签、套上塑料袋等；也有的属于深加工活动，如把蔬菜、水果等食品进行冲洗、切割、过秤、分份和包装，把不同品种的煤炭混合在一起，加工成"配煤"等。加工作业属于增值性经济活动，它完善了配送中心的服务功能。

b. 拣选作业。拣选作业就是配送中心的工作人员根据要货通知单或订货单，从储存的货物中拣出客户所需要的商品的一种活动。

c. 包装作业。配送中心将客户所需要的货物拣选出来以后，为了便于运输和识别各个客户的货物，有时还要对配备好的货物重新进行包装，并在包装物上加贴标签。

d. 组合或配装作业。为了充分利用载货车辆的容积和提高运输效率，配送中心常常把同一条送货路线上不同客户的货物组合、配装在同一辆载货车上，这就要求在理货和配货流程中完成组合或配装作业。在配送中心的作业流程中安排组合（或配装）作业。把多家店铺的货物混载于同一辆车上进行配载，不但能降低送货成本，而且可以减少交通流量，改变交通拥挤状况。

④出货或送货。出货是配送中心的末端作业，也是整个配送流程中的一个重要环节。它包括装车和送货两项经济活动。

a. 装车。配送中心的装车作业有两种表现形式：一是使用机械装载货物；二是利用人力装车。通常，批量较大的实重商品都放在托盘上，用叉车进行装车；有些散装货物，或用起重机装车，或用传送设备装车。

因各配送中心普遍实行混载（或同载）送货方式，故对装车作业有两点要求：第一，按送货点的先后顺序组织装车，先到的要放在混载货体的上面或外面，后到的要放在下面或里面；第二，要做到"轻者在上，重者在下""重不压轻"。

b. 送货。一般情况下，配送中心都使用自备的车辆进行送货作业，有时也借助社会上专业运输组织的力量，联合进行送货作业。另外，为适应不同用户的需要，配送中心在进行送货作业时常常做出多种安排：有时是按照固定时间、固定路线为固定用户选货；有时也不受时间、路线的限制，机动灵活地进行送货作业。

（2）配送中心的特殊作业流程。特殊作业流程是指某类配送中心（即个别配送中心）进行配送作业时所经过的程序。其主要包括以下几项：

①不设储存库的作业流程。在流通实践中，有的配送中心主要从事配货和送货活动，本身不设置储存库和存货场地，而是利用设立在其他地方的"公共仓库"来补充货物。因此，在其配送作业流程中，没有储存工序。但为了保证配货、送货工作的顺利开展，有时配送中心也暂存一部分货物，一般将其存放在理货区，不单独设置储货区。实际上，在这类配送中心内部，货物暂存和配货作业是同时进行的。在现实生活中，配送生鲜食品的配送中心通常按照这样的作业流程开展业务活动。其作业流程如图7-4所示。

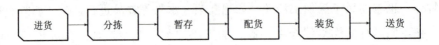

图7-4 不设储存库的作业流程

②加工型配送中心的作业流程。加工型配送中心多以加工产品为主，在其配送作业流程中，储存作业和加工作业居主导地位。由于流通加工多为单品种、大批量产品的加工作业，并且是按照客户的要求安排的，因此，加工型配送中心虽然进货量比较大，但是分类、分拣工作量并不太大。另外，因加工的产品品种较少，一般不单独设立拣选、配货等环节。加工好的产品（特别是生产资料产品）可直接运输到按客户户头划定的货位区内，然后进行包装、配货。典型的加工型配送中心的作业流程如图7-5所示。

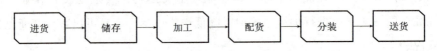

图7-5 加工型配送中心的作业流程

③分货型配送中心的作业流程。分货型配送中心是以中转货物为其主要职能的配送组织。一般情况下，这类配送中心在配送货物之前都要先按照要求将单品种、大批量的货物（如不需要加工的煤炭、水泥等物资）分类，然后将分好后的货物分别配送到客户指定的接货点。其作业流程比较简单，无须拣选、配货、配装等作业流程，如图7-6所示。

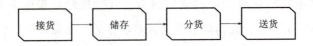

图7-6 分货型配送中心的作业流程

2. 配送中心的组织结构

配送中心要高效率地发挥其作用，首要条件是建立一个合理的组织结构，明确每个岗位的任务、权力、责任和相互关系及信息沟通渠道，使人们在实现目标的过程中，能发挥出比个人更大的力量、更高的效率。

配送中心作为一个流通型组织，其组织结构可分为产品型组织结构、区域型组织结构和职能型组织结构三种类型。

（1）产品型组织结构。随着企业产品经营的多样化，将制造工艺不同和客户特点不同的产品集中在同一职能部门，会给企业的运作带来许多困难，而管理跨度又限制了他们增加下级人员的可能。在这种情况下，就需要按产品分工进行组织结构的设置，建立产品型组织结构。该结构要求高层管理者授予一位部门管理人员在某种产品经营上的广泛权力，并要求其承担一部分利润指标，而高层管理者仍控制财务、人事等方面的职能，规划整个企业的发展方向。

配送中心设立产品型组织结构可减少市场风险，提高劳动效率，降低经营成本；有利于企业加强对外部环境的适应性，以市场为主导，及时调整经营方向；有利于促进企业内部竞争。但按产品划分部门，必须有较多的有全面管理能力的人员；由于总部和事业部内的职能部门可能重叠而导致管理费用的增加；各产品部门的负责人具有较大的决策权，可能过分强调本单位的利益而影响企业的统一指挥。为了避免失控，企业应将足够的决策权和控制权掌握在总部手里。

（2）区域型组织结构。在经营范围分布很广的企业中，应按区域划分部门，建立区域型组织结构，即将一个指定地区的经营活动集中在一起，委托给一个管理者去完成。

按区域划分部门可以调动各地区管理者的积极性，加强各地区各种活动的协调；还可以减少运输费用和时间，降低配送成本。但也存在着需要较多管理人员、造成机构重复设置、高层管理者难以控制各地区的管理工作等问题。这种组织结构较适合综合型配送中心。

（3）职能型组织结构。职能型组织结构是指企业按职能划分部门。按职能部门划分来组织经营活动，可体现企业活动的特点。配送中心是利用其高效、快速的配送能力实现商品顺畅流通的，其基本的企业职能是营销、储运和财务，同时，还包括一些保证经营活动顺利进行的辅助性职能，如人事公共关系和法律事务等。在配送中心的基本职能部门内也会发生相应的任务划分，即当任何职能部门发觉自己所管辖的事务太宽时，就自然派生出一些子部门，以此来适应管理的需要。

职能型组织结构可以确保高层管理者维护企业基本活动的权力与威望，可使人力的应用更为有效，但由于各职能部门的管理人员长期在专业部门工作，形成了自己的行为模式，因而往往乐于从本位角度出发考虑问题，只忠实于自己所在的部门而不将企业看成一个整体，部门之间难以协调，导致企业对外界的反应比较慢。

这种结构适合外面环境比较稳定、采用常规技术的中小型企业，如专业配送中心和特殊配送中心。

【做中学　学中做】

一、单项选择题

1. 下面关于配送中心的一般作业流程表述正确的是（　　）。
   A. 进货—接受并汇总订单—理货和配货—装车和送货
   B. 进货—理货和配货—接受并汇总订单—装车和送货
   C. 接受并汇总订单—进货—理货和配货—装车和送货
   D. 接受并汇总订单—进货—装车和送货—理货和配货

2. （　　）环节是整个作业流程最关键的环节，也是配送运动的实质性内容。
   A. 接受并汇总订单　　B. 进货　　C. 理货和配货　　D. 装车和送货

二、多项选择题

1. 配送中心的进货流程包括（　　）。
   A. 订货　　B. 接货验收　　C. 分类　　D. 储存

2. 从理货、配货流程的作业内容来看，它是由（　　）构成的。
   A. 加工作业　　B. 拣选作业　　C. 包装作业　　D. 组合或配送作业

3. 配送中心作为一个流通型组织，其组织结构可分为（　　）类型。
   A. 产品型组织结构　　B. 区域型组织结构　　C. 职能型组织结构

三、简答题

因各配送中心普遍实行混载（或同载）送货方式，故装车作业需要注意哪些要求？

【素养提升】

追求卓越、进取创新、精湛技能、巾帼匠魂
【喜迎二十大·把一切献给党】咸红："钢铁裁缝"的巾帼风采

咸红，1989年从保定变压器厂技工学校毕业，同年被分配到保定天威保变电气股份有限公司从事变压器铁芯片剪切工作。30多年来，咸红以强烈的主人翁意识、事业心和责任感认真做好本职工作，多次带领班组克服技术难题，打破生产瓶颈，累计为公司创效

1 000余万元。她带领的班组被评为"全国质量信得过班组",她个人先后荣获保定市"金牌工人"、保定市劳动模范、河北省能工巧匠、河北省劳动模范等荣誉称号,2016年荣获"全国五一劳动奖章",2017年光荣当选为党的十九大代表,2020年再获"全国劳动模范"殊荣。

◆ **坚守不变匠心,裁剪美丽人生**

戚红始终如一,执着于她的"切铁"事业,将0.3 mm厚、1 000~2 000 m长的卷料,通过设备,裁剪成不同形状、不同尺寸的铁芯片,"如果把不合格的产品装到变压器上,会造成数以万元计的损失,这要求我们在工作中必须精益求精。"为了精益求精,戚红提出了"三心"工作法,即"耐心、多心、精心"。

◆ **勇做创新匠人,尽显担当本色**

做匠人就要坚守对技术与品格的追求,精益求精、敬业奉献、勇于创新。戚红牵头创建了"戚红劳模创新工作室",集中开展技术攻关。在变压器生产企业,缺陷片和料头、料尾的再利用是难题,过去一直沿用传统的"梯形片断料法",会加重工人的劳动强度,降低产品性能。戚红带领团队研究出"平行四边形断料法",工作效率提高1倍,材料使用率提高20%,每年可节约原材料40 t,价值54万元。

◆ **传承发扬匠魂,锻造实力铁军**

在戚红看来,真正的工匠精神不仅体现在一个人技术水平的高低上,更在于专业水平的"薪火相传"。她多年来毫不吝啬将自己的专业技能传授给更多的人,切铁组副组长何红峥跟随戚红多年,他在工作中敢想敢试,动手能力强,每当他解决一个难题,都会和戚红分享心得体会。有一次生产中他发现一批硅钢片特别涩,影响传送速度,经过一步步研究,设计出一套辅助送料装置,减少硅钢片与装料板之间的接触面积,并在装置上安装轴承,使原本的工作效率由10%提高至70%。

戚红作为二十大代表,感言到:"作为一名军工央企员工,我将继续传承红色基因,为国家分忧,替企业解难。发挥好劳模的先锋模范作用,践行工匠精神,不断创新创造,为公司培养出更多的人才和工匠,用我们的双手,做出更好的产品,做出更强大的中国制造,为我们的党旗增色,为我们的党旗添彩!"

(资料来源:https://www.toutiao.com/article/7154372506994868770/? channel =&source = search_ tab)

> 思考：在配送业务中需要具备怎样的职业道德？如何树立民族自信、道路自信和认识到国家的富强？

【思考与练习】

配送中心的一般作业流程和特殊作业流程有什么不同？

任务五　成果汇报与考核评价

【任务目标】

1. 进行成果汇报，掌握成果汇报展示的方法并进行训练；
2. 评价各组的工作情况；
3. 评价过程中体现学生科技创新、爱岗敬业的职业素养。

【实施条件】

虚拟仿真实训室，具备连接互联网的计算机。

【实施过程】

环节	操作及说明	注意事项及要求
环节一	以小组为单位交流汇报调研成果，组与组之间提出问题、交流问题，师生互动，要求PPT展示，每组限定时间。汇报要点如下： （1）优化配送路线。 （2）车辆调度程序与装车作业。 （3）配送中心的作业流程。 （4）虚拟仿真系统操作中出现的问题	汇报过程中小组之间注意发现问题，并及时提出问题，之后大家共同讨论解决问题

续表

环节	操作及说明	注意事项及要求
环节二	学生自评、互评，小组组长点评各个组员的工作成效	汇报过程中小组之间注意发现问题，并及时提出问题，之后大家共同讨论解决问题
环节三	指导教师给各组评分，并进行有针对性的点评，汇总各组成果。引导学生以具体企业为案例，总结配送业务中的路线规划、车辆的调度、配载作业及配送中心的业务流程，要求学生自觉遵守法律法规，培养学生操作规范、安全意识及职业道德，树立民族自信、道路自信，认识到国家的富强	
环节四	考核评价	
环节五	反思与改进	

【课堂笔记】

【考核评价】

知识巩固与技能提高（40分）		得分：
计分标准： 得分 = 1×单选题正确个数 + 2×多选题正确个数 + 1×判断题正确个数		
学生自评（20分）		得分：
计分标准：初始分 = 2×A 的个数 + 1×B 的个数 + 0×C 的个数 　　　　　得分 = 初始分/26×20		
要求 （A 掌握；B 基本掌握； C 未掌握）		
知识目标	1. 熟悉配送路线、车辆调度、车辆配载的概念； 2. 掌握配送路线优化方法； 3. 熟悉配送作业流程且会进行路线优化； 4. 掌握车辆调度、配载的原则及要求； 5. 掌握车辆配载的计算方法	A□　B□　C□ A□　B□　C□ A□　B□　C□ A□　B□　C□ A□　B□　C□	能够理解配送路线、车辆调度和车辆配载的概念；掌握配送路线优化的方法和车辆配载的计算方法
能力目标	1. 根据实际情况规划出最优的送货路线； 2. 根据客户要求进行配送作业规划； 3. 根据车辆、货物属性及特征设计出车辆的配载方案； 4. 熟悉配送中心不同的作业流程	A□　B□　C□ A□　B□　C□ A□　B□　C□	掌握最优送货路线规划的方法；能够根据客户要求进行配送作业规划；掌握配送的配载方案制订

续表

素质目标	1. 培养学生吃苦耐劳的工作精神； 2. 培养学生操作规范、安全意识及职业道德； 3. 树立民族自信、道路自信，认识到国家的富强	A□　　B□　　C□ A□　　B□　　C□ A□　　B□　　C□	培养学生吃苦耐劳的工作精神，具有操作规范、安全意识及职业道德，树立民族自信、道路自信，认识到国家的富强
	小组评价（20 分）		得分：
计分标准：得分 = 10 × A 的个数 + 5 × B 的个数 + 3 × C 的个数			
团队合作	A□　　B□　　C□	沟通能力	A□　　B□　　C□
	教师评价（20 分）		得分：
教师评语			
总成绩		教师签字	

项目八

特殊商品配送业务

项目介绍

本项目主要介绍了危险货物配送和冷链货物配送的相关知识。在危险货物配送业务中，主要以危险货物的识别及包装标志的识别为基础，进行危险货物的配送实施操作。在冷链货物配送中强调冷链配送的业务流程。

知识目标

- 掌握危险货物的包装标志与包装要求；
- 熟悉危险货物的配送特点及原则；
- 掌握适合冷链运输的货物范围及温度要求；
- 了解冷链货物的特征；
- 熟悉冷链配送的模式及类型。

能力目标

- 学会正确使用危险货物的包装标志；
- 能够掌握危险货物配送的安全管理要求；
- 辨析危险货物配送中可能出现的问题；
- 能够掌握冷链货物配送的基本流程。

素质目标

- 培养学生操作规范，形成安全意识、节能环保的职业习惯；
- 培养学生形成职业道德、职业精神和职业理想。

工作情景导入

一场跨越喜马拉雅的低温飞行　菜鸟医药冷链2小时直送尼泊尔

成都飞往加德满都的航线,是目前世界上唯一一条飞越喜马拉雅山脉的航线。在直线1 850 km的飞行途中,太阳光穿云破雾在珠穆朗玛峰尖肆意挥洒,日照金山,霞光万丈。2021年,一架满载蓝色温控箱的A330货机从成都天府国际机场出发,只用2.5 h划过白雪皑皑的喜马拉雅山脉,顺利在尼泊尔加德满都国际机场落地。

菜鸟国际医药冷链为本次跨越"世界屋脊"的运输保驾护航,成功将临床生物药品运抵尼泊尔,为医药企业提供上门冷包包装与提货,到海外本地配送的全程冷链温控的一站式解决方案。

由于接收方所在地区缺乏温控硬件条件,菜鸟首次为药品量身定制了数十个可循环使用的温控箱,解决了冷库到医院小剂量临床配送全程温控的难题。在保温箱中,菜鸟内嵌了可重复使用的冰排和温度记录仪。该仪器可将保温箱内温度实时上传至云端,温度一旦超出任何预警范围,将及时向管理人员推送报警信息。

在完成当地清关并配送到加德满都冷库后,菜鸟冷链工作人员继续线上对温控箱进行实时监测和追踪,同时,还远程指导海外作业人员多次循环使用温控箱与温度计。通过这种线上线下联动、国内外远程指导与实操相结合的方式,菜鸟国际团队切实保障了海外临床的温控需求,实现对于临床医药品从国内药厂冷库到海外医院接种的专业化全程运输。

国家统计局数据显示,2021年1~3季度药品流通行业增速保持恢复态势,全国医药商品销售总额1.89万亿元,同比增长10.6%。医药供应链整体发展态势逐步向好,然而,由于临床药品的特殊性,对时效性、在途温度控制、货品包装等方面有着极高的要求,一直被视为难度最大的递送服务之一。

菜鸟国际运输负责人告诉记者,临床药品的温控物流复杂程度及难度大大高于普通药品物流,一旦出现差错,可能会直接影响临床试验。因此,作为承担本次运输重任的专业化物流公司,我们冷库提货、储存和运输此类产品均要求在规定温度范围内进行,并全程进行温度监控,对运输环节的每一步进行严格把关。

据悉,菜鸟针对中国医药企业的生物和临床药品开展多个国家稳定安全的跨境运输业务。从国内外操作手册及质量体系文件的制作与审计,到国内外冷包温控的设施设备,特别为偏远国家和地区提供完善的医药临床物流解决方案。另外,菜鸟可根据货品的不同特性,提供常温(15 ℃~25 ℃)、冷冻包装(-25 ℃ ~ -15 ℃)和冷藏包装(2 ℃ ~ 8 ℃)等多种选择,实现多种临床试验生物药品长达上百个小时的跨境运输。

截至目前，菜鸟已经累计向全球150多个国家和地区运送了超过2.5亿件医疗物资，向亚非拉国家多次运输中国新冠疫苗。

（资料来源：https：//www.toutiao.com/article/7046996873017721357/？channel＝&source＝search_tab）

通过上述资料思考：除药品外还有什么样的货物适合冷链运输？不同的货物对配送有何特殊要求？冷链货物在运输中如何做到规范操作？

任务一　危险货物配送作业

【任务目标】

1. 根据危险货物的包装及标志来识别其危险属性；
2. 掌握危险货物的配送作业及要求；
3. 培养学生操作规范，形成具有安全意识的职业习惯。

【实施条件】

虚拟仿真实训室，具备连接互联网的计算机。

【实施过程】

环节	操作及说明	注意事项及要求
环节一	通过学习通平台进行微课学习；阅读相关知识；熟悉并掌握危险货物的配送作业及要求。 具体内容如下： （1）教师发布任务，学生学习微课视频，做课前测试题，并以小组为单位试做任务。 （2）利用课程平台发布任务。 （3）小组试做，根据不同危险品的属性及安全要求为其制订合理的配送方案	（1）以间接调查为主，主要通过网络、图书馆、电话咨询等方式进行调研。 （2）活动以学生分组的形式进行，小组成员注意分工协作，各司其职，按时完成任务
环节二	小组展示，教师引导	
环节三	（1）根据学生试做情况，发现学生知识的薄弱之处，明确任务难点。 （2）教师引导各小组修改优化危险品配送方案。 （3）通过教师引导学习，突破教学重难点	

【知识链接】

请扫码阅读知识链接。

危险货物

危险品仓储与配送管理

危险品仓储安全

【知识内化】

危险货物配送是指按危险货物条件办理的货物保管与运输作业。由于危险货物在一定的外界条件下，如摩擦、撞击、振动、温度变化等，会酿成燃烧、爆炸等严重事故，所以危险货物的包装、配送、装载及运送必须按照相关规定进行。

1. 危险货物的包装

危险货物包装是指符合危险物品对包装最低要求的容器及其为实现其包容作用所需的其他构件或材料的集合体。危险品的品种很多，在性能、外形、结构等各方面都有差别，在流通中的实际需要也不尽相同。因而，对包装的要求、分类等规定也存在差异。

（1）危险货物包装的要求。包装应坚固完好，能抗御运输、储存和装卸过程中正常冲击、振动和挤压，并便于装卸和搬运。包装表面应保持清洁，不得黏附所装物质和其他有害物质。包装材料的材质、规格和包装结构与所装危险货物的性质和重量相适应。包装容器与拟装物不得发生危险反应或削弱包装强度。

包装的衬垫物不得与拟装物发生反应，降低安全性，应能防止内装物移动和起到减震及吸收作用。

充装液体危险货物，容器应留有正常运输过程中最高温度所需的足够膨胀余位。易燃液体容器应至少留有5%的空隙。

液体危险货物要做到液密封口，对可产生有害蒸气及易潮解或遇酸雾能发生危险反应的应做到气密封口。对必须装有通气孔的容器，其设计和安装应能防止货物流出或进入杂质、水分，排出的气体不致造成危险或污染。其他危险货物的包装应做到密封不漏。

（2）危险货物包装的分类。危险货物包装有多种分类方法，这里主要介绍三种分类方法，即按危险货物种类分类、按容器类型分类及按包装的结构强度和防护性能及内装物品的危险程度分类。

1）按危险货物的种类分类。危险货物按其具有的危险性类型被分为九大类，分别是：爆炸品；气体；易燃液体；易燃固体、易于自燃的物质、遇水放出易燃气体的物质；氧化性物质和有机过氧化物；毒性物质和感染性物质；放射性物质；腐蚀性物质；杂项危险物质和物品，包括危害环境物质。它们的包装按其种类可分为以下六类：

①通用包装。通用包装适用于除气体、易燃液体、放射性物质品类之外其他品类中的某些货物。

②爆炸品专用包装。爆炸品专用包装是适用于某种爆炸品的包装，其设计必须与该爆炸品的生产设计同时进行，同时被批准，否则不得进行生产，在爆炸品之间是不能相互替代使用的。

③气瓶。气瓶是气体类危险品的专用包装。其最显著的特点是能承受很高的内压，所以又称作耐压容器。其设计、选材、制造、使用、维护、维修、检验、标志等都必须符合国家质量技术监督局颁发的《气瓶安全监察规程》的规定，同时应符合《危险化学品安全管理条例》（国务院344号令，2013年12月7日修订）中相应包装说明所述要求。

④放射性物质包装。放射性物质包装专用于盛装各种放射性物质，国际原子能机构（IAEA）对放射性物品的运输包装有专门规定。

⑤腐蚀性物质包装。由于不同的腐蚀性物质对不同材料的腐蚀作用千差万别，所以各种材料的各种形式的包装几乎都被使用在腐蚀物质中，而对于某种特定的腐蚀物质，只能用某种材料的包装，材料是专一的。

⑥特殊货物的专用包装。在易燃液体；易燃固体、易于自燃的物质、遇水放出易燃气体的物质；氧化性物质和有机过氧化物；毒性物质和感染性物质这四大类危险品中，也有一些货物由于性质特殊必须采用专门包装，如碱金属（钾、钠等）专用包装、黄磷专用包装等。

2）按容器类型分类。危险货物的包装按其包装容器的类型可分为桶类、箱类、袋类等。这些包装的材质、形状均有所区别，各有优缺点。

3）按包装的结构强度和防护性能及内装物品的危险程度分类。各种危险品包装，除爆炸品、气体、感染性物质的包装另有专门的规定外，其余均按包装的结构强度和防护性能及内装物品危险性的大小分为三级：

①Ⅰ级包装：货物具有大的危险性，包装强度要求高。

②Ⅱ级包装：货物具有中等危险性，包装强度要求较高。

③Ⅲ级包装：货物具有小的危险性，包装强度要求一般。

(3) 危险货物运输标志和使用。

①联合国危险货物运输标志（图8-1）。

图8-1 联合国危险货物运输标志

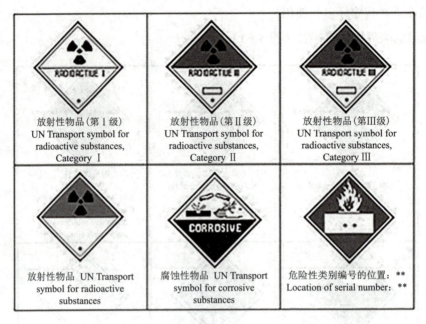

图 8-1 联合国危险货物运输标志（续）

②标志的使用。标志的标打，可采用粘贴、钉附及喷涂等方法。标志的位置规定如下：

a. 箱状包装：位于包装端面或侧面的明显处；

b. 袋、捆包装：位于包装明显处；

c. 桶形包装：位于桶身或桶盖处；

d. 集装箱、成组货物：粘贴四个侧面。

每种危险品包装件应按其类别粘贴相应的标志。但如果某种物质或物品还有属于其他类别的危险性质，包装上除粘贴该类标志作为主标志外，还应粘贴表明其他危险性的标志作为副标志，副标志图形的下角不应该标有危险货物的类项号。

储运的各种危险货物性质的区分及其应标打的标志，应按有关国家运输主管部门规定的危险货物安全运输管理的具体办法执行，出口货物的标志应按我国执行的有关国际公约（规则）办理。

标志应清晰，并保证在货物储运期内不脱落。标志应由生产单位在货物出厂前标打，出厂后如改换包装，其标志由改换包装单位标打。

2. 危险货物的配送

危险货物配送应在指定的地点进行装卸作业，运输部门、物质部门和装卸部门必须密切配合。在运输车辆、装卸器具、各种人员选派、运输路线选择等环节都应全面考虑，保证整个运输环节的绝对安全。

(1) 危险货物的配送特点。凡具有腐蚀性、自燃性、易燃性、毒害性、爆炸性等性质，在运输、装卸和储存保管过程中容易造成人身伤亡与财产损毁而需要特别防护的物品均属危险品。危险品运输具有以下特点：

①品类繁多。按照危险货物的危险性，《危险货物分类和品名编号》（GB 6944—2012）将危险品分为九类共20项，每一项中又包含具体的危险货物，《危险货物品名表》（GB 12268—2012）中在册的已达2 763种品名，在此基础上每年还在不断增加新的危险品，其物理和化学性质差异很大。

②危险性大。危险品具有特殊的物理、化学性能，运输中如防护不当，极易发生事故，并且事故所造成的后果较一般车辆事故更加严重。就拿液化石油气来说，由于它具有易燃易爆、易产生静电等特性，因此，液化石油气的运输过程中会遇到各种危险，如着火、爆炸等危险。

③运输管理的规章制度多。危险品运输是一个附加值比较高的业务，也是危险性比较大的业务，稍有不慎就会给企业、国家造成巨大损失，给社会造成巨大的危害，给人民群众造成巨大的灾难，这就要求危险品运输企业必须规范管理与运作，承运车辆必须符合危险品运输的条件并配备相应的各种设备，危险品操作人员必须经过各类危险化学品操作培训持证上岗。危险品运输是整个道路货物运输的一个重要组成部分，要遵守各级各项特殊规定如道路危险货物运输的国家标准、道路危险货物运输行业标准，以及所在城市相关规定。

④专业性强。危险品运输不仅要满足一般货物的运输条件，严防超载、超速等危及行车安全的情况发生，还要根据货物的物理和化学性质，满足特殊的运输条件。其运输环节是一项技术性和专业性很强的工作。

(2) 危险货物的物流配送原则。

①业务专营，资质从严。国务院《危险化学品安全管理条例》（国务院344号令，2013年12月7日修订）及交通运输部《道路危险货物运输管理规定》（中华人民共和国交通运输部令2019年第42号）中明确规定只有符合规定资质并办理相关手续的经营者才能从事道路危险货物运输经营业务。同时还规定，凡从事道路危险货物运输的单位，必须拥有能保证安全运输危险货物的相应设施、设备；从事营业性道路危险货物运输的单位，必须具有5辆以上专用车辆的经营规模、配有相应的专业技术管理人员，并已建立健全安全操作规程、岗位责任制、车辆设备维护维修和安全质量教育等规章制度。

②车辆专用，设备齐全。装运危险货物的车辆不同于普通货物运输的车辆，交通运输部发布的《危险货物道路运输规则第Ⅰ部分：通则》（JT/T 617.1—2018）对装运危险货物的车辆技术状况和设施做了特别的规定。

③人员专业，知识武装。危险货物运输业是一个特殊的行业，从事道路危险货物运输的相关人员必须掌握危险货物运输的有关专业知识和技能，并做到持证上岗。从事道路运输危险货物的驾驶员、押运员和装卸人员必须了解所运载的危险货物的性质、危害特性、包装容器的使用特性和发生意外时的应急措施。

（3）危险品配送时的安全管理要求。危险品在配送过程中存在着极大的安全隐患，我们能做的，一方面是运输设备及储存罐（容器）的本质安全设计、防护装置的检查维护；另一方面要制定严格的管理制度，认真学习实施，层层把关，才能更好地保障安全。

①不得用同一车辆运输性能相互抵触的化工产品。

②严格按照"先进先出"的原则出库。

③装卸作业完毕后，做到工完、料净、场地清。

④应当单货核对，认真仔细，做到不错不漏。保管人员应将"一书一签"的名称写在"物资调拨单"领料单位留存联的备注栏内，并亲手将"一书一签"交给驾驶人员，驾驶人员详细阅读完"一书一签"后，方可出发。

⑤应当协助驾驶人员做好车辆整洁保养和安全行车工作。上下车辆应当注意安全，严禁在车辆未停稳时上下车辆或装卸货物，严禁赤膊、穿拖鞋、背心、铁钉鞋从事危险品的搬运（配送）作业，严禁随意处置危险品废弃物。

⑥用于运输危险化学品的槽罐及容器必须由专业定点生产企业生产，并经检测、检验合格后方可使用，运输危险化学品必须配备必要的防护用品和应急处理器材。运载化学易燃、易爆品的运输工具要有明显的标志，要配备相应的消防设备。

⑦运输危险化学品的车辆不得超装、超载，装卸和运输过程中要防止泄漏。

⑧在危险品配送、搬运、装卸作业，特别是"三酸"（盐酸、硫酸、硝酸）作业时，必须按要求穿戴相应的劳动防护用品。

⑨剧毒、爆炸品配送必须坚持"五双"（双人收发、双人记账、双人双锁、双人运输、双人使用）管理制度。

⑩各类随车作业工具（包括安全器材）在出车和使用前应进行检查，防止因工具损坏而造成意外事故。

⑪应当具有配送商品的化学品安全技术说明书（CSDS）和危险品运输资质证明。运输危险化学品必须具有相关管理部门核发的充装证、准运证、押运证和充装记录本。

⑫从事危险化学品运输的驾驶人员、押运人员等相关人员必须经过有关安全知识的培训，必须了解所接触危险化学品的性质、危害特性，掌握所接触危险化学品的装卸、运输安全知识和发生意外的应急措施，并经考试合格，取得上岗资格证后，方准上岗作业。

【做中学　学中做】

一、单项选择题

1. 危险包装货物是指危险货物对包装的（　　）的容器及为实现包装危险货物所需的其他构件或材料的集合体。

　　A. 最低要求　　　　　　　　　　B. 最高要求

2. 危险货物的包装应坚固完好，能抗御运输，储存和装卸过程中的正常冲击、振动和挤压，并便于（　　）。

　　A. 装卸和运输　　B. 装卸和搬运　　C. 装卸和分拣　　D. 分拣和运输

3. Ⅱ级包装货物具有（　　），包装强度要求（　　）。

　　A. 大的危险性；较高　　　　　　B. 中等危险性；一般

　　C. 中等危险性；较高　　　　　　D. 小的危险性；一般

4. 危险货物包装按其包装容器的类型可分为（　　）。

　　A. 桶类、箱类　　B. 桶类、袋类　　C. 袋类、箱类　　D. 桶类、箱类、袋类

5. 危险货物的包装的衬垫物不得与（　　）发生反应，衬垫物应能防止内装物移动并起到（　　）的作用。

　　A. 拟装物；缓冲　　B. 拟装物；减震　　C. 拟装物；缓解

6. 气瓶是（　　）类危险货物的专用包装，其最显著的特点是能承受很高的内压，所以又称作耐压容器。

　　A. 放射性物品　　B. 气体　　C. 腐蚀性物品

二、多项选择题

1. 危险货物包装按其具有的危险性类型可以分为（　　）。

　　A. 爆炸品　　　　　　　　　　　B. 气体

　　C. 易燃液体　　　　　　　　　　D. 氧化剂和有机过氧化剂

　　E. 腐蚀性物品　　　　　　　　　F. 放射性物品

2. 通用包装适用于（　　）类危险货物和（　　）中的某些危险物。

　　A. 易燃固体、自燃物品和遇湿易燃物品　　B. 氧化剂和有机过氧化剂

　　C. 毒害品和感染性物品　　　　　　　　　D. 压缩气体和液化气体

　　E. 爆炸品　　　　　　　　　　　　　　　F. 腐蚀性物品

3. 在（　　）危险货物中，有一些货物由于性质特殊必须采用专用包装。

　　A. 压缩气体和液化气体　　　　　　　　　B. 易燃液体

　　C. 易燃固体、自燃物品和遇湿易燃物品　　D. 氧化剂和有机过氧化剂

　　E. 毒害品和感染性物品

4. 危险品运输标志的标识可采用（　　）方法。

A. 粘贴　　　　　B. 钉附　　　　　C. 喷涂

三、简答题

1. 什么是危险货物包装？

2. 什么是危险道路运输？

【素养提升】

执着专注、一丝不苟、兢兢业业、精益求精

【感悟二十大·我想对党说】潘朝龙：弘扬劳模精神　把奋斗当做一种幸福

2022年10月16日，中国共产党第二十次全国人民代表大会隆重开幕。全国各界收听收看了党的二十大开幕会，认真聆听学习了习近平总书记所做的工作报告，强烈的自豪感、使命感在大家心中激荡，大家纷纷表示，将把思想和行动统一到会议精神上来，以更加昂扬的热情肩负使命、笃行不怠，在百年新征程上留下属于自己的脚印。

"江苏省五一劳动奖章"获得者，江苏超达物流有限公司市场部经理潘朝龙感悟二十大，对党说："在聆听了习近平总书记在党的二十大所做的工作报告，我备受鼓舞、倍感振奋、倍增干劲。总书记在报告中提出：青年强，则国家强。当代中国青年生逢其时，施展才干的舞台无比广阔，实现梦想的前景无比光明。作为一名年轻党员，作为一名新时代产业工人，我们要坚定不移听党话、跟党走，既要胸怀理想，更要脚踏实地，立足本职岗位，兢兢业业，任劳任怨。做有理想、敢担当、能吃苦、肯奋斗的新时代好青年。"

（资料来源：https：//www.toutiao.com/article/7156399835288142351/？channel=&source=search_tab）

思考：在危险货物的仓储与配送工作中需要养成怎样的职业习惯？

【思考与练习】

如何使用危险货物包装标志？如何将其安全配送？

任务二　冷链货物配送作业

【任务目标】

1. 结合冷链商品属性及温度要求为其制订合理的配送方案；
2. 掌握冷链货物配送的基本流程；
3. 培养学生操作规范，形成节能环保的职业习惯。

【实施条件】

虚拟仿真实训室，具备连接互联网的计算机。

【实施过程】

环节	操作及说明	注意事项及要求
环节一	通过学习通平台进行微课学习；阅读相关知识；了解冷链商品属性及温度要求为其制订合理的配送方案。 具体内容如下： （1）教师发布任务，学生学习微课视频，做课前测试题，并以小组为单位试做任务。 （2）利用课程平台发布任务。 （3）小组试做，根据不同商品的属性和温度控制标准为其制订合理的配送方案，讨论合理的配送方法	（1）以间接调查为主，主要通过网络、图书馆、电话咨询等方式进行调研
环节二	小组展示，教师引导	

续表

环节	操作及说明	注意事项及要求
环节三	（1）根据学生试做情况，发现学生知识的薄弱之处，明确任务难点。 （2）教师引导各小组修改优化配送方案。 （3）通过教师引导学习，突破教学重难点	（2）活动以学生分组的形式进行，小组成员注意分工协作，各司其职，按时完成任务

【知识链接】

请扫码阅读知识链接。

京东冷链全产业

【知识内化】

冷链物流一般是指冷藏、冷冻类食品在生产、储存、运输、销售，到消费前的各个环节中始终处于规定的低温环境下，以保证食品质量，减少食品损耗的一项系统工程。它是随着科学技术的进步、制冷技术的发展而建立起来的，是以冷冻工艺学为基础、以制冷技术为手段的低温物流过程。

1. 冷链配送的含义、适用范围、温度控制及特征

（1）含义。冷链配送也称低温配送。其中，冷链是指某些食品原料、经过加工的食品或半成品、特殊的生物制品和药品在经过收购、加工后，在产品加工、储存、运输、分销和零售、使用过程中，其各个环节始终处于产品所必需的特定低温环境下。

（2）适用范围。冷链货物的适用范围如下：

①鲜活品：蔬菜、水果；肉、禽、蛋；水产品、花卉产品。

②加工食品：速冻食品，禽、肉、水产等包装熟食，冰激凌和奶制品；快餐原料。

③医药品：各类针剂、药剂。

以上几种产品的运输，需配备相关的冷藏设备，如冷链箱、运输冰袋、冷藏柜等，运输

疫苗有专业的疫苗冷藏箱。

（3）温度控制。冷链货物运输对温度的控制主要是根据所配送的货物对温度要求的不同来进行的。

①保鲜类：如蔬菜、鲜花、水果、保鲜疫苗、鲜活水产品、电子元件，一般温度要控制在 $2\ ℃\sim8\ ℃$。

②冷鲜类：如排酸肉品、海鲜产品、豆制品、疫苗制品、巧克力等，一般对温度要求是控制在 $-5\ ℃\sim0\ ℃$。

③冷冻类：如速冻食品、速冻水产品、冻肉制品等，一般温度要控制在 $-18\ ℃\sim-10\ ℃$。

④深冷冻类：如危险品、高级面包活菌、酵母面团等，一般温度要控制在 $-45\ ℃\sim-20\ ℃$。

（4）特征。冷链配送是指在城市经济合理范围内，根据客户要求，在适应温度环境中对保鲜、冷冻等冷链对象产品进行拣选、加工、包装、分割、组配等作业，并按时送达指定地点的物流活动。结合城市冷链配送运营现状，其特点可以归纳为以下几点：

①配送渠道多元化。城市冷链配送网络涵盖了各种业态的大卖场、综合超市、便利商店、购物中心、酒店、批发市场、零售网点，以及学校、机关、部队、医院等单位。在具体运作中，企业往往会根据自身能力、市场需求等选择合适的模式，而且有时也会有一定的交叉，这在某种程度上反映出了冷链城市配送市场的多元化、个体化等特征。总体而言，目前我国冷链城市配送模式主要有供应商直配、企业自配、共同配送等。

②配送温度多层化。冷链食品种类繁多、形状各异，在配送过程中发生的化学、物理、生理变化和微生物的影响也各不相同，而且供货、交易、零售等流通渠道纵横交叉、组合多变。这就要求针对不同的冷链食品采取适当的配送温度、湿冷技术，以保证各种冷链食品的安全和新鲜度，尽管冷藏食品和冷冻食品的配送温度有一定的区分，但没有明显界限，而且还有交叉，这就要求在配送时充分考虑它们的共存性，以免相互影响引起食品变质。对于大城市中心城区而言，冷链物流配送更呈现出鲜明的小批量、多频次特点。对冷链配送的要求差异也较大。

③配送时间协调难度大。下游客户为了节约成本或出于其他考虑，往往设定固定收货时间窗口，给配送企业带来较大的时间约束。同时，随着城市经济社会发展和居民生活水平提高，机动车辆保有量快速增长，为了控制市区交通量，多数中心城市通过发放"车辆通行证"的方式控制货车进城，城市配送面临货车通行范围小、城区难进、通行证难拿等难题。由于配送车辆通行受限和时间窗口的双重制约，降低了冷链城市配送柔性，增加了企业运营成本。

2. 冷链配送的模式

按照能源供给方式,冷链配送模式可分为电力驱动型(冷藏车)与无源蓄能型。后者又可分为干冰载冷型和相变蓄冷材料载冷型。

(1)冷藏车制冷低温配送。冷藏车制冷能够保持食材生鲜较长时间低温,适用于大批量、对于温度保鲜要求高的食材生鲜长途配送。利用压缩机提供冷源的冷藏车配送决定了在低温配送过程中会消耗大量的能源,同时,尾气排放量也会比普通货车增加30%。由于油价不断上涨,采用冷藏车制冷低温配送成本也在不断上升。成本高、不环保的配送方式相信只是冷链物流配送发展过程中的一种过渡模式,同时,大多数的冷藏车厢容积较大,对于保鲜要求高、小批量的食材配送来说成本无疑是高的。

(2)以干冰作为冷源的低温配送模式。干冰经常被广泛应用于温度要求在0℃以下的水产品、生鲜等,由于其独特的制冷效果,干冰在冷链配送中扮演着重要角色。直到近几年,由于干冰会产生大量的二氧化碳,对环境造成较大污染;同时,干冰的采购、储存、使用都不方便,采购回来后在短时间必须使用,否则很快就会挥发掉,造成干冰使用成本的上升。这些特性决定了干冰作为货运制冷剂在冷链配送中是一个过渡阶段。

(3)相变蓄冷材料的低温配送模式。作为一种全新的冷链配送方式,相变蓄冷材料低温配送适用于小批量、少量、多次的食材低温配送。蓄冷材料又称干冰型冰袋,一方面,其显著特点就是节能环保,不会对环境造成污染;另一方面,干冰型冰袋有多个温度系列可供选择,如-55℃、-33℃、-18℃、-12℃、-6℃、2℃~8℃等,其不仅在最大程度上满足了货物对温度的不同要求,而且可以保持低温长达120 h以上,且反复使用。这些独特的优势让其成为冷链配送模式中的新星,相信未来相变蓄冷材料低温配送模式将成为更加普遍的冷链物流配送方式。

3. 冷链配送的类型

(1)自营配送。某些大型生产企业和连锁经营企业创建自营配送中心完全是为本企业的生产经营提供配送服务。选择自营配送有两个基础:一是规模基础,即企业自身物流具有一定量的规模,完全可以满足配送中心建设发展需要;二是价值基础,即企业自营配送,是将配送创造的价值提升到了企业的战略高度予以确定和发展。

(2)协同配送。协同配送是指在城市里,为使物流合理化,在几个有定期运货需求的货主的合作下,由一个卡车运输业者,使用一个运输系统进行的配送。协同配送也就是把过去按不同货主、不同商品分别进行的配送,改为不区分货主和商品集中运货的"货物及配送的集约化"。

(3)外包配送。外包配送也就是社会化、专业化的物流配送模式,通过为一定市场范围的企业提供物流配送服务而获取盈利和自我发展的物流配送组织形式。

（4）综合配送。综合配送是指企业以供应链管理为指导思想，全面系统地优化和整合企业内外部物流资源、物流业务流程和管理流程，对生产、流通过程中的各个环节实现全方位综合配送，充分提高产品在制造、流通过程的时空效应，并为此而形成的高效运行的物流配送模式。

4. 冷链配送的基本流程

（1）装车前准备工作。低温运输车辆于装车前，应首先将车厢内温度降低，一般冷冻品车厢温度降至 $-10\ ℃$ 以下时方可进行装车，冷藏车温度降至 $7\ ℃$ 以下、冻结点以上时方可进行装车。同一温层车辆不可既装冷冻品又装冷藏品，除非该冷藏车为双温层车辆。冷藏车降温时间与车辆的性能及所需降至的温度相关，一般情况下，降温时间应与拣货时间相配合。努力实现冷冻车车厢温度降到指定温度时，低温食品刚拣货完成运送至出货暂存区。

（2）低温食品拣货至交货暂存区。低温食品从冷冻库或冷藏库拣货出来后，会被放置于交货暂存区。一般情况下，冷冻库的温度在 $-25\ ℃ \sim -23\ ℃$，食品的核心温度一般在 $-18\ ℃$ 左右，冷冻品出货暂存区的温度要求在 $0\ ℃$ 左右，且冷冻食品在暂存区的存放时间不宜超过半个小时。冷藏库的温度一般在 $2\ ℃ \sim 8\ ℃$，食品的核心温度在 $4\ ℃$ 左右，冷藏品的出货暂存区的温度一般要求在 $10\ ℃ \sim 15\ ℃$，同时冷藏品也不宜在出货暂存区放置超过 $1\ h$ 的时间。由于对温层的需求不同，冷冻食品与冷藏食品不宜在同一温层的交货暂存区暂存。

（3）装车。低温车辆降温至指定温度时，应将后车厢门打开，车辆缓慢靠至仓库门，达到与仓库门紧挨状态后，再打开仓库门。在此过程中，低温车辆应保持制冷机组正常运行，继续处于降温状态。冷冻车辆一般将车厢内温度降至 $-18\ ℃$ 以下，并在装车过程中保持此低温。生鲜食品应使用物流容器配送，如使用笼车或栈板装车，这样做首先可在最短时间内装车完成，一般用时 $10 \sim 15\ min$；其次可最大限度地减少在装卸车过程中对生鲜食品造成的损耗；再次可避免生鲜食品与车厢体接触，以减少污染。装车完成后，依指定路线出货配送。

（4）运输环节。低温车辆离开生鲜加工物流中心后，制冷系统应保持正常运转状态，全程温度应控制在指定的温度范围内。例如，冷冻产品运输车辆全程温度应保持在 $-18\ ℃$ 以下，冷藏产品运输车辆全程温度应保持在 $2\ ℃ \sim 8\ ℃$，冷藏车温度具体依产品而定。配置较好的冷冻（藏）车一般有 GPRS 装置与温度跟踪记录系统，可使业主时时能追踪到车辆的动向及车厢体内的温度控制情况。

（5）配送到店。低温车辆到达门店后，至门店理货人员开启车厢门卸货前，车辆的制冷系统应保持正常运转状态，并保证车厢内的温度达标。一般门店很少规划有卸货码头、密闭设施及调节设备，在门店卸货应快速进行。

【做中学　学中做】

一、单项选择题

1. 某些大型生产企业和连锁经营企业创建自营配送中心完全是为本企业的生产经营提供配送服务，这种配送方式属于（　　）。

A. 自营配送　　　　B. 协同配送　　　　C. 外包配送　　　　D. 综合配送

2. （　　）是指在城市里，为使物流合理化，在几个有定期运货需求的合作下，由一个卡车运输业者，使用一个运输系统进行的配送，把过去按不同货主、不同商品分别进行的配送，改为不区分货主和商品集中运货的"货物及配送的集约化"。

A. 自营配送　　　　B. 协同配送　　　　C. 外包配送　　　　D. 综合配送

3. （　　）也就是社会化、专业化的物流配送模式，通过为一定市场范围的企业提供物流配送服务而获取盈利和自我发展的物流配送组织形式。

A. 自营配送　　　　B. 协同配送　　　　C. 外包配送　　　　D. 综合配送

4. （　　）是指企业以供应链管理为指导思想，全面系统地优化和整合企业内外部物流资源、物流业务流程和管理流程。对生产、流通过程中的各个环节实现全方位综合配送，充分提高产品在制造、流通过程的时空效应，并为此而形成的高效运行的物流配送模式。

A. 自营配送　　　　B. 协同配送　　　　C. 外包配送　　　　D. 综合配送

二、多项选择题

1. 冷链配送的类型有（　　）。

A. 自营配送　　　　B. 协同配送　　　　C. 外包配送　　　　D. 综合配送

2. 冷链配送的基本流程为（　　）。

A. 装车前准备工作　　　　　　　　　　B. 低温食品拣货至交货暂存区

C. 装车　　　　　　　　　　　　　　　D. 运输环节

E. 配送到店

三、简答题

什么是冷链配送？

【思考与练习】

通过查阅资料，分析并总结鲜活品和药品在仓储与配送中有何不同要求。

任务三　成果汇报与考核评价

【任务目标】

1. 进行成果汇报，掌握成果汇报展示的方法并进行训练；
2. 评价各组的工作情况；
3. 评价过程中培养学生形成职业道德、职业精神和职业理想。

【实施条件】

虚拟仿真实训室，具备连接互联网的计算机。

【实施过程】

环节	操作及说明	注意事项及要求
环节一	以小组为单位交流汇报调研成果，组与组之间提出问题、交流问题，师生互动，要求PPT展示，每组限定时间。汇报要点如下： （1）危险货物的配送特点及原则。 （2）危险货物配送的安全管理要求。 （3）冷链货物的适用范围及温度控制标准。 （4）冷链货物的配送流程。 （5）虚拟仿真系统操作中出现的问题	汇报过程中小组之间注意发现问题，并及时提出问题，之后大家共同讨论并解决问题
环节二	学生自评、互评，小组组长点评各个组员的工作成效	
环节三	指导教师给各组评分，并进行有针对性的点评，汇总各组成果。引导学生总结常见危险货品和冷链货物的配送要点及注意事项，培养学生在工作中操作规范，形成安全意识、节能环保的职业习惯，培养学生形成职业道德、职业精神和职业理想	
环节四	考核评价	
环节五	反思与改进	

【课堂笔记】

【考核评价】

知识巩固与技能提高（40分）			得分：	
计分标准： 得分 = 1 × 单选题正确个数 + 2 × 多选题正确个数 + 1 × 判断题正确个数				
学生自评（20分）			得分：	
计分标准：初始分 = 2 × A 的个数 + 1 × B 的个数 + 0 × C 的个数 　　　　　得分 = 初始分/26 × 20				
专业能力	评价指标	自测结果		要求 （A 掌握；B 基本掌握；C 未掌握）
知识目标	1. 掌握危险货物的包装标志与包装要求； 2. 熟悉危险货物的配送特点及原则； 3. 掌握适合冷链运输的货物范围及温度要求； 4. 了解冷链货物的特征； 5. 熟悉冷链货物配送的模式及类型	A□　B□　C□ A□　B□　C□ A□　B□　C□ A□　B□　C□ A□　B□　C□		能够掌握危险货物的包装标志及包装要求；熟悉危险货物的配送特点及原则；掌握适合冷链运输的货物范围及温度要求；了解冷链货物的特征；熟悉冷链货物配送模式及类型

续表

能力目标	1. 正确使用危险货物的包装标志； 2. 掌握危险货物配送的安全管理要求； 3. 辨析危险货物配送中可能出现的问题； 4. 掌握冷链货物配送的基本流程	A□　B□　C□ A□　B□　C□ A□　B□　C□ A□　B□　C□	掌握危险货物的包装标志及危险货物配送的安全管理要求；了解危险货物配送中可能出现的问题；掌握冷链货物配送的基本流程
素质目标	1. 培养学生操作规范，形成安全意识、节能环保的职业习惯； 2. 培养学生形成职业道德、职业精神和职业理想	A□　B□　C□ A□　B□　C□	专业素质、严谨的工作态度得以提升，打造工匠精神
	小组评价（20分）		得分：
计分标准：得分 = 10×A 的个数 + 5×B 的个数 + 3×C 的个数			
团队合作	A□　B□　C□	沟通能力	A□　B□　C□
	教师评价（20分）		得分：
教师评语			
总成绩		教师签字	

参 考 文 献

[1] 张荣,张帆.仓储与配送管理[M].北京:电子工业出版社,2020.

[2] 刘晓燕,王晔丹,方秦盛.仓储与配送管理实务[M].北京:中国石油大学出版社,2018.

[3] 胡建波.现代物流概论[M].北京:清华大学出版社,2018.

[4] 徐丽蕊,杨卫军.仓储作业实务[M].北京:北京理工大学出版社,2016.

[5] 涂淑丽.仓储运营管理[M].南昌:江西人民出版社,2016.

[6] 郭凯明,张振亚.仓储管理实务[M].北京:清华大学出版社,2015.

[7] 朱华.配送中心管理与运作[M].3版.北京:高等教育出版社,2014.

[8] 宫胜利,王玉卓,牛志文.仓储与配送管理实务[M].北京:北京理工大学出版社,2012.

[9] 张向春,贾苏绒.仓储管理实务[M].北京:北京理工大学出版社,2012.

[10] 李红军,李坤.配送中心运营管理实务[M].西安:西北工业大学出版社,2012.

[11] 黄中鼎,林慧丹.仓储管理实务[M].武汉:华中科技大学出版社,2009.

[12] 吴理门.配送作业与管理[M].武汉:武汉大学出版社,2011.

[13] 黄安心.配送中心运作与管理实务[M].武汉:华中科技大学出版社,2009.

[14] 朱江.商品养护[M].郑州:河南科学技术出版社,2009.

[15] 魏丽玲.物流仓储与配送[M].北京:北京邮电大学出版社,2008.

[16] 杜文.物流运输与配送管理[M].北京:机械工业出版社,2006.

[17] 邬星根,李苣.仓储与配送管理[M].上海:复旦大学出版社,2005.